孩子教育智慧 200 则

高宏群 著

中原出版传媒集团
中原传媒股份公司

大象出版社
·郑州·

图书在版编目（CIP）数据

孩子教育智慧 200 则／高宏群著. — 郑州：大象出版社，2021.4
ISBN 978-7-5711-0820-5

Ⅰ.①孩… Ⅱ.①高… Ⅲ.①家庭教育 Ⅳ.①G78

中国版本图书馆 CIP 数据核字（2020）第 231859 号

孩子教育智慧 200 则
HAIZI JIAOYU ZHIHUI 200 ZE

高宏群　著

出 版 人	汪林中
责任编辑	贺新建
责任校对	倪玉秀
装帧设计	王莉娟

出版发行	大象出版社(郑州市郑东新区祥盛街 27 号　邮政编码 450016)
	发行科　0371-63863551　总编室　0371-65597936
网　　址	www.daxiang.cn
印　　刷	新乡市豫北印务有限公司
经　　销	各地新华书店经销
开　　本	720 mm×1020 mm　1/16
印　　张	11.5
字　　数	193 千字
版　　次	2021 年 4 月第 1 版　2021 年 4 月第 1 次印刷
定　　价	29.00 元

若发现印、装质量问题，影响阅读，请与承印厂联系调换。
印厂地址　新乡县翟坡镇兴宁村
邮政编码　453000　　电话　0373-5635065

为了孩子的美好未来（代序）

李海龙

教育部部长陈宝生在全国教育工作会议上强调："家庭是人生的第一所学校，家长是孩子的第一任老师，家庭教育是立德树人的第一个环节。家庭教育不到位，不仅会抵消学校教育的效果，还会给孩子发展造成一定的消极影响。无论何时，都要注重家庭、注重家教、注重家风，把家长引导和培育成立德树人的一支有生力量。"可见，家庭教育是人生教育的起点和基础，对孩子的成长、成才起着至关重要的作用。

然而，我国的家庭教育目前还主要存在五大误区：一是重智商，轻情商；二是重学习，轻品行；三是重言教，轻身教；四是重师教，轻家教；五是重长远，轻时下。高宏群老师撰写的《孩子教育智慧200则》，就是为广大家长提供走出家庭教育误区的一个平台。该书以通俗易懂的语言向家长阐述孩子的成长特点和发育规律，并在此基础上提出一系列教养孩子的科学、实用、有效的智慧与方法，帮助家长读懂孩子、科学育儿，提高家庭教育的效率。

家庭教育，是一门科学，也是一门艺术。教育好孩子，不仅是老师的责任，更是家长的责任。为了孩子的美好未来，父母只做聪明的家长、有能力的家长是远远不够的，还要做有智慧的家长。智慧型家长，既要引导孩子的发展方向，又要做孩子的知心朋友；既要让孩子勇敢前行，又要成就孩子的幸福人生；既要使孩子成为更优秀的人，又要使孩子成为更幸福的人。该书的宗旨，就是让每一个家长都能成为智慧型家长，让每一个孩子都能健康快乐地成长，让每一个家庭都能和谐幸福地生活！

《孩子教育智慧200则》既借鉴了当今一些教育大家、名家和专家的家庭教育理论研究成果，也是高宏群老师多年潜心研究家庭教育的经验总结。全书共从七个维度阐释了家长素质、教子策略、教子修德、教子学习、教子立志、教子明礼和教子才艺共200则小智慧。每一则智慧开始都有一段教子感言，这些"感言"，有的可能会成为家长朋友的教子格言，有的可能会成为年轻父母的座右铭。每段感言之后均有较详细的诠释，这些诠释一方面可以帮助家长对感言进行深入理解，另一方面也是作者对感言的阐释和补充。

《孩子教育智慧200则》涉及家庭教育的诸多细节，教子策略独到，育子方法实用，富有新意，发人深思，言简意赅，通俗易懂，是家长朋友不可或缺的学习参考用书，很值得年轻父母一读。同时，该书对于指导中小学教师加强家校合作，提高与家长的有效沟通，更好地促进学生德智体美劳全面发展，也有一定的指导和借鉴意义。

（李海龙，国家督学，全国著名特级教师，中小学正高级教师，现任河南省基础教育教学研究室主任。）

目 录

家长素质篇

1. 家，是教育的根 … 2
2. 什么样的家庭培养什么样的孩子 … 2
3. 不把孩子放在第一位 … 3
4. 父母应具备实施家庭教育的能力 … 4
5. 最容易培养出优秀孩子的七种家庭 … 4
6. 养不出优秀孩子的四种家庭 … 6
7. 有正能量的家庭，能培养出内心强大的孩子 … 7
8. 父母是孩子的第一任老师 … 7
9. 父母越舍得，孩子越优秀 … 8
10. 父母决定孩子的人生格局和人性温度 … 9
11. 父母恩爱有利于孩子成长 … 10
12. 父母的层次 … 10
13. 家庭教育的最大敌人是父母的坏脾气 … 11
14. 父母好好学习，孩子天天向上 … 12
15. 焦虑的父母培养不出快乐的孩子 … 13
16. 合格家长的标准 … 13
17. 父母的心态，决定孩子的命运 … 14
18. 父母的眼界，决定孩子的边界 … 15
19. 父母的赏识，决定孩子的自信 … 16
20. 做"四有"父母 … 17

21．父母的言语，决定孩子的路 …………………………………… 18
22．做合格的妈妈 ………………………………………………… 18
23．做合格的爸爸 ………………………………………………… 19
24．学校是家长必须敬畏的地方 …………………………………… 20
25．老师对孩子的态度，并不仅仅取决于孩子 …………………… 21

教子策略篇

26．父母最大的福报是培养出优秀的孩子 ………………………… 24
27．表扬"五要"与批评"五不" ………………………………… 24
28．避开四大家教误区 …………………………………………… 25
29．把"严"和"爱"集于一身 …………………………………… 26
30．妥善处理教育分歧 …………………………………………… 27
31．做父母容易，做智慧型父母难 ………………………………… 27
32．父母莫忘初心 ………………………………………………… 29
33．父母和孩子沟通的智慧 ………………………………………… 29
34．请尊重孩子的磨蹭 …………………………………………… 30
35．家庭教育，不要指望孩子能自觉 ……………………………… 31
36．培养孩子五个好习惯 …………………………………………… 31
37．培养良好亲子关系的"定位" ………………………………… 33
38．爱孩子，就要尊重孩子 ………………………………………… 33
39．不要过早给孩子买智能手机 …………………………………… 34
40．为孩子选择合适的幼儿园 ……………………………………… 35
41．家庭教育四字诀 ……………………………………………… 36
42．孩子犯错"七不责" …………………………………………… 37
43．优秀的孩子都是"陪"出来的 ………………………………… 37
44．最好的家教是带孩子见世面 …………………………………… 38
45．请让孩子"输"在起跑线上 …………………………………… 39
46．家庭教育的"情"与"理" …………………………………… 40
47．家庭教育四大法则 …………………………………………… 40

48. 父母说话的语气决定了孩子的智商和情商 …………………………… 41

49. 正确应对孩子成人之前的四个重要时期 ……………………………… 42

50. 接纳孩子的不完美 ……………………………………………………… 43

51. 儿童不是缩小版的成年人 ……………………………………………… 44

52. 家校合力才是教育孩子的正确之道 …………………………………… 44

53. 孩子是独立的生命个体 ………………………………………………… 45

54. 夸赞孩子有方法 ………………………………………………………… 46

55. 学会与孩子零距离沟通 ………………………………………………… 47

56. "骗"孩子也是一种教育方式 …………………………………………… 47

57. 顺利度过危险的"16岁" ……………………………………………… 48

58. 家庭教育要"五给" …………………………………………………… 49

59. 不要把孩子扼杀在专制教育之下 ……………………………………… 50

60. 参加家长会要提前备课 ………………………………………………… 51

61. 与孩子谈话"三要" …………………………………………………… 51

62. 家长得"病",不要让孩子"吃药" …………………………………… 52

63. 过早寄宿对孩子是不利的 ……………………………………………… 53

64. 别让奖励毁了孩子 ……………………………………………………… 54

65. 学做"朋友型"家长 …………………………………………………… 55

66. 教育孩子,成长比成功更重要 ………………………………………… 56

67. 并不是只有考第一才会更幸福 ………………………………………… 56

68. 不要对孩子"过度教养" ……………………………………………… 57

69. 金钱铺不就成功的路 …………………………………………………… 57

70. 让孩子成为最好的自己 ………………………………………………… 58

71. 最好的教育:家长不护短,老师不姑息 ……………………………… 59

72. 善待老师,就是善待孩子的未来 ……………………………………… 59

教子修德篇

73. 家庭教育的第一要义是教子做人 ……………………………………… 62

74. 把立德树人的根扎在家庭 ……………………………………………… 62

75. 家庭教育的灵魂是人品教育 ……………………………………………… 63
76. 家教与门风决定孩子的一生 ……………………………………………… 64
77. 善良是最宝贵的家风 ……………………………………………………… 64
78. 这四种家庭教育不能少 …………………………………………………… 65
79. 包容父母，是对孩子最好的教育 ………………………………………… 66
80. "七岁看老" ………………………………………………………………… 66
81. 再好的名校，也比不上父母的言传身教 ………………………………… 67
82. 做个"三心"父母 …………………………………………………………… 68
83. 教育好自己的孩子，是家长最重要的事业 ……………………………… 69
84. 培养孩子健全的人格 ……………………………………………………… 70
85. 培养孩子的"贵族"品质 …………………………………………………… 70
86. 教孩子"三吃" ……………………………………………………………… 71
87. 再爱孩子，也要他承受"四种苦" ………………………………………… 72
88. 关注孩子太多，容易毁掉孩子 …………………………………………… 73
89. 爱孩子和立规矩并不矛盾 ………………………………………………… 74
90. 别养穷人家的"富二代" …………………………………………………… 74
91. 别把孩子养成懒汉 ………………………………………………………… 75
92. 别把负能量传给孩子 ……………………………………………………… 75
93. 做家务有助于孩子的成长 ………………………………………………… 76
94. 给予孩子最好的"财富" …………………………………………………… 77
95. 树立正确的财富观 ………………………………………………………… 77
96. 父母是孩子爱心的传播者 ………………………………………………… 78
97. 避免五个冲突 ……………………………………………………………… 79
98. 教子智慧"十字言" ………………………………………………………… 80
99. "逼"孩子养成十个好习惯 ………………………………………………… 81

教子学习篇

100. 让孩子知道，努力学习是一种责任 …………………………………… 84
101. 别抱怨读书苦，那是通往未来的路 …………………………………… 84

102. 假如孩子吃不了学习的苦，就让他先尝一尝生活的苦 …………… 85
103. 父母才是永不退休的班主任 …………………………………… 86
104. 科学看待孩子的学习成绩 ……………………………………… 86
105. 孩子不想学就不学，那还要父母做什么? ……………………… 87
106. 人生处处是"起跑线" …………………………………………… 88
107. 培养孩子主动学习的能力 ……………………………………… 89
108. 指导孩子利用好学习时间 ……………………………………… 90
109. 学习目标是孩子学习的航标灯 ………………………………… 91
110. 给孩子一个踮脚能够得到的目标 ……………………………… 92
111. 促进孩子的个性发展 …………………………………………… 92
112. 让孩子的生命内力觉醒是最好的教育 ………………………… 93
113. 应对孩子学习成绩起伏的锦囊 ………………………………… 94
114. 孩子取得好成绩的法宝 ………………………………………… 95
115. 家庭教育的重心 ………………………………………………… 95
116. 不能忽视孩子的说话教育 ……………………………………… 96
117. 孩子在"阅读饥饿期"，最重要的不是成绩而是阅读 ………… 96
118. 让阅读成为陪伴孩子一生的好习惯 …………………………… 97
119. 给孩子选购合适的书籍 ………………………………………… 98
120. 家庭教育，重在养而不在教 …………………………………… 99
121. 孩子做作业，父母干点啥? …………………………………… 99
122. 让孩子的学习悠着点 …………………………………………… 100
123. 提高学习成绩的小帮手——错题本 …………………………… 101
124. 目标：只追前一名 ……………………………………………… 102
125. 莫把"家长签字"当负担 ……………………………………… 102
126. 引导孩子写好作文 ……………………………………………… 103
127. 让孩子身上的两颗种子和谐发展 ……………………………… 104
128. 父母着力做好三件事 …………………………………………… 105
129. 要想学得好，掌握仨法宝 ……………………………………… 106
130. 一天中学习的四个黄金时段 …………………………………… 107
131. 培养孩子优良的学习品质 ……………………………………… 108

132．决定孩子成才的五大素养 …………………………………… 108

133．学习习惯养成的六个步骤 …………………………………… 109

134．合理安排寒假学习时间 ……………………………………… 110

135．寒暑假最容易拉开孩子的差距 ……………………………… 111

136．开学前，请帮孩子收收心 …………………………………… 112

137．考生家长做到自自然然就好 ………………………………… 113

138．高三家长由陪考到备考的转变 ……………………………… 114

教子立志篇

139．家庭教育的"无为而治" …………………………………… 116

140．培养孩子的责任心 …………………………………………… 116

141．父母越位是家教中最大的不幸 ……………………………… 117

142．最好的家教：先放糖，后加盐，再补钙 …………………… 118

143．不要打扰孩子"吃苦"的幸福 ……………………………… 119

144．莫让优裕的生活害了孩子 …………………………………… 119

145．培养孩子三个核心竞争力 …………………………………… 120

146．坚毅是决定孩子成功的最重要因素 ………………………… 121

147．帮孩子克服自卑感 …………………………………………… 122

148．孩子内向不是缺陷，是天赋 ………………………………… 123

149．告诉孩子人的一生什么最重要 ……………………………… 124

150．精神教育是给孩子最大的财富 ……………………………… 125

151．让孩子自立自强 ……………………………………………… 126

152．点亮孩子成长的心灵之灯 …………………………………… 126

153．培养有主见的孩子 …………………………………………… 127

154．不要培养"不会犯错的孩子" ……………………………… 128

155．让孩子每天发现自己一个优点 ……………………………… 128

156．努力不是要赢别人，而是为了不输给自己 ………………… 129

157．让孩子悄悄变得更出色 ……………………………………… 130

教子明礼篇

158. 家庭教育最重要的是立人	132
159. 扣好孩子人生第一粒扣子	133
160. 低声说话，是父母给孩子最好的礼物	133
161. 惯子如杀子	134
162. 读懂孩子，化解父母与孩子的代沟	136
163. "小聪明"的孩子长大最没出息	137
164. 培养"三美"孩子	138
165. 男孩养"三气"，女孩修"三容"	138
166. 孩子将来不孝顺的四个信号	139
167. 教孩子孝敬父母	140
168. 孩子可以不优秀，但绝不可以没教养	141
169. 教孩子懂得感恩	141
170. 培养孩子的敬畏心	142
171. 教孩子学会管理时间	143
172. 性格、情绪比学习成绩更重要	144
173. 孩子是父母的"复印件"	145
174. 不要打着"释放天性"的旗号害了孩子	145
175. 糊涂的父母与智慧的父母的差异	146
176. 学会"甩手"教子	147
177. 善于向孩子的任性说"不"	148
178. 引导孩子度过青春叛逆期	149
179. 千万别错过教育孩子的有效期	150
180. 学会给孩子道歉	150
181. 孩子，真的不需要那么乖	151
182. 让孩子少点任性，多些个性	152
183. 把孩子的缺点转化为优点	152
184. 让孩子受点儿委屈	153

185．孩子犯错时不要轻易原谅 ……………………………………… 154
186．教育孩子守住"四个底线" …………………………………… 155
187．让孩子养成良好的就餐习惯 …………………………………… 155
188．培养孩子的餐桌礼仪 …………………………………………… 156

教子才艺篇

189．孩子成长过程中，爱好很重要 ………………………………… 158
190．尊重孩子的兴趣爱好 …………………………………………… 158
191．做孩子成功路上的"推手" …………………………………… 159
192．合理选报兴趣班 ………………………………………………… 160
193．孩子学才艺，贵在精而不在多 ………………………………… 161
194．孩子学书法的要旨 ……………………………………………… 162
195．孩子学习绘画的关键 …………………………………………… 163
196．学一门乐器是对孩子最好的"富养" ………………………… 163
197．"五步"教会孩子唱歌 ………………………………………… 164
198．孩子学舞蹈的最佳年龄 ………………………………………… 165
199．孩子参加球类运动好 …………………………………………… 166
200．培养孩子好口才 ………………………………………………… 167

参考文献 ……………………………………………………………… 169
后记 …………………………………………………………………… 171

家长素质篇

　　家长的素质是教育孩子的重要因素。家长素质包括家长的思想道德素质和教育科学文化素质等。本篇的家长素质内容主要有：

　　家，是教育的根，什么样的家庭培养什么样的孩子。好的家庭教育，绝不把孩子放在第一位。

　　父母是孩子的第一任老师，父母决定孩子的人生格局和人性温度。父母越舍得，孩子越优秀；父母好好学习，孩子天天向上。父母恩爱有利于孩子成长，家庭教育的最大敌人是父母的坏脾气，焦虑的父母培养不出快乐的孩子。

　　有正能量的家庭，能培养出内心强大的孩子。父母的眼界，决定孩子的边界；父母的赏识，决定孩子的自信。父母有修养，孩子有教养；父母有格局，孩子有宽度；父母有远见，孩子有未来；父母有原则，孩子有规矩。父母的言语，决定孩子的路。

　　学校是家长必须敬畏的地方，老师是家长必须尊敬的人。

1. 家，是教育的根

> 家是教育的根，家长是一种职业。一个负责任的家长，不仅要做好孩子的"第一任老师"，还要做好孩子的"终身老师"。

[诠释]

再好的学校，再优秀的老师，也不如父母的家庭教育重要。因为从孩子出生的那一天起，父母就是孩子的第一任老师，父母的言传身教就是孩子的人生课堂。

一提起教育，我们都自然地想到了学校。其实，从孩子呱呱坠地起，父母就成为了孩子的第一任老师。所以，我们要想把孩子教育的大厦筑牢，就需要打好教育的地基，种好教育的根。那么，教育的根到底在哪里？在家庭。父母在感慨"生一个孩子容易，养一个孩子难"时，就已经意识到了养育孩子的另一副重担：家庭教育。作为父母，要把"家"看作孩子健康成长的根据地，要从家庭生活的点滴细节中发掘孩子的潜力，并适时引导，这才是造就孩子的教育之道。

教育的根是从家延伸出来的，而家的经营管理好坏关键在家长。家长是一种职业，能把"家长"这个光荣而沉重的头衔顶起，需要家长的敬畏和担当。家庭中的温暖、和谐、亲密，是孩子成长中最宝贵的养分；父母恩爱相处，同担责任，教育步调一致，是孩子成长最好的土壤。

生活是一本耐读的书。或许当孩子成人后，才会感念父母对自己人生的影响，以至于在自觉或不自觉中模仿着当年父母对自己的教育方式来教育自己的孩子。这说明一个道理：一个负责任的家长，不仅要做好孩子的"第一任老师"，还要做好孩子的"终身老师"。

2. 什么样的家庭培养什么样的孩子

> 一个家风淳厚的家庭，其孩子大多是厚道的人；一个有教养的家庭，其孩子大多是有教养的人。

[诠释]

一个家风淳厚的家庭，其孩子大多比较厚道。如果父母与自己的邻居和谐相处，对孩子的小伙伴十分和善，或者鼓励自己的孩子和其他小孩子交朋友，那么，这类家长的孩子长大以后自然而然就会与他人和睦相处。

一个有教养的家庭，其孩子大多也能成为有教养的人。如果父母有教养，守信守时，乘车、购物自觉排队，在公众场合不大声说话，不轻易发怒，那么，这类父母的孩子长大以后也会养成良好的行为习惯。

因此，一名合格的家长，既要有知识更要有文化。家长如果不懂得生活，不知道善待他人，甚至不懂得善待自己的孩子，无论他拥有多高的学历，无论他担任多大的职务，也是一个没有文化的人。

3. 不把孩子放在第一位

再爱孩子，也别让他的地位凌驾于整个家庭之上；再爱孩子，也别忘了修炼自己；再爱孩子，也别把孩子看得比伴侣还重要。

[诠释]

曾经在一篇文章中看到这样一句话："在家庭中，千万不要把孩子放在第一位，凡是把孩子放在第一位的，等待这个家庭的多半是悲剧。"所以，爱孩子，一定要爱之有道，爱之有度。

①再爱孩子，也别让他的地位凌驾于整个家庭之上。在家庭中，孩子的地位越高，就越觉得父母满足自己的要求是天经地义的。这样，只会养出不懂得感恩的孩子。所以，坦然、轻松、和谐的亲子关系，一定是既不刻意冷落孩子，也不过分娇宠孩子。

②再爱孩子，也别忘了修炼自己。父母的气质，会影响孩子的审美观，甚至会影响孩子的人生观、价值观。教育，不只是让孩子努力学习，最重要的是让孩子看到父母如何做人，如何面对生活。孩子崇拜的是温文尔雅的父母，而不是为了孩子完全丧失自我的奴隶。所以，不要把孩子当成自己的唯一，不要为了孩子丢掉自己的兴趣爱好。身体力行的榜样示范，永远强过亲力亲为的事事包办。

③再爱孩子，也别把孩子看得比伴侣还重要。在家庭中，最核心的不应该是母子关系或父子关系，而应该是夫妻关系。日子都是自己过出来的，因为爱孩子，才更要爱丈夫；因为爱孩子，才更要爱妻子。和谐的家庭环境，才可养出幸福健

康的孩子。良好的夫妻关系，是家庭的定海神针。父母的相处模式，也会镌刻在孩子的心底。

4. 父母应具备实施家庭教育的能力

> 教子成才的基础和关键是有品质的家庭教育。要想使家庭教育成为滋润孩子心田的潺潺不竭之泉，父母要具备实施家庭教育的能力。

［诠释］

家庭教育、学校教育和社会教育同为国民教育体系的三大支柱。对于一个正处于启蒙教育阶段的孩子来说，最重要的便是人生开始阶段的家庭教育。但在现实生活中，一些父母往往忽视了家庭教育的重要性，把对孩子的教育更多地抛给了学校。

子曰："其身正，不令而行；其身不正，虽令不从。"孩子在成长的路上，其性情、品格、行为习惯等方面的塑造或养成，父母扮演的角色是无可替代的。父母日常生活中的言谈举止，往往可以在孩子的幼小心灵中起到"随风潜入夜，润物细无声"的关键作用。美国泰曼·约翰逊认为："成功的家教造就成功的孩子，失败的家教造就失败的孩子。"然而让人感到遗憾的是，很多父母并不具备实施家庭教育的能力。

事实已经证明，教子成才的基础和关键是有品质的家庭教育。要想使家庭教育成为滋润孩子心田的潺潺不竭之泉，父母就需要找到适合自己孩子的教育方法，每时每刻把握教育的时机，为孩子成长成才提供优质的家庭教育环境。

5. 最容易培养出优秀孩子的七种家庭

> 有品德的家庭；
> 有规矩的家庭；
> 情绪好的家庭；
> 学习型的家庭；
> 好好说话的家庭；

> 懂得尊重的家庭；
> 父母恩爱的家庭。

[诠释]

对于孩子而言，家庭是最好的港湾，父母是最好的引路人。一个孩子，能否充分激发自身的天赋，家庭环境起着关键性的作用。以下七种家庭最容易培养出优秀的孩子：

①有品德的家庭。人品不同的父母，带给孩子的是迥然不同的人生。托尔斯泰曾说过："全部教育，或者说千分之九百九十九的教育，都归结到榜样上，归结到父母自己的端正和完善上。"孩子的成功与否，与父母对孩子的家教是否正确息息相关。真正能让孩子成才的，是培养他为人处事的人品。人品的树立来自榜样的力量，父母作为孩子的榜样最易被孩子效仿。

②有规矩的家庭。无规矩不成方圆。家规不单单是针对孩子的，而是针对家庭的每个成员，父母也应该严格要求自己，给孩子做出榜样。对孩子来说，这些规矩慢慢就会变成习惯，而不是束缚。

③情绪好的家庭。调查显示，90%的父母在养育孩子的过程中，会产生焦虑情绪。长期处于焦虑中的父母，往往敏感易怒，经常对孩子发脾气。而长期处于父母负面情绪下的孩子，一方面会变得暴戾，另一方面会因缺少父母理解而导致与父母关系疏远。如果父母懂得控制自己的情绪，让孩子成长在一个积极的环境中，那么孩子一定能成为一个会管理情绪的人。

④学习型的家庭。父母是孩子最好的老师，父母对孩子最好的教育就是言传身教。要想孩子爱学习，父母首先要营造一个浓厚的学习氛围。在闲暇时间，父母能够放下手机，关上电视，拿起书本，拿起报刊，多阅读，多学习，多思考。

⑤好好说话的家庭。父母嗓门太大，动不动就说脏话，不仅影响夫妻关系，还会吓到孩子。温和的语言，是家庭中不可缺少的。对待孩子，更要言语温和、友好、有礼貌。懂得好好说话的家庭，往往生活得幸福和睦，这有助于孩子在友善的环境里成长。

⑥懂得尊重的家庭。健康成长中的孩子，除了有爱，更应该有尊重。这种尊重，不是让他想做什么就做什么，也不是父母规划好孩子的人生，逼着孩子去执行，而是让孩子在选择中成长，学会承担责任。孩子在这样的环境中长大，既能

够拥有自尊，也能够学会尊重他人。

⑦父母恩爱的家庭。没有一种幸福的温度，超越家庭的和睦。父母给孩子最好的教育，就是彼此恩爱。在家庭生活中，孩子最希望的还是父母恩爱。所以，爱你的孩子，从爱你的伴侣开始。

6. 养不出优秀孩子的四种家庭

> 被手机控制的家庭；
> 不懂得放手的家庭；
> 不好好说话的家庭；
> 经常吵架的家庭。

[诠释]

孩子的起点是父母。如果你觉得孩子不够优秀，请慢些责备，先审视一下自身是否做得优秀。以下四种家庭养不出优秀的孩子：

①被手机控制的家庭。被手机控制了生活的父母，养不出自律的孩子。父母沉迷手机，也会造成孩子一头扎进手机的世界里。

②不懂得放手的家庭。有的父母对孩子从生活到学习，事无巨细地关心，面面俱到地操办。父母密不透风的爱，其实对孩子是一种伤害。只有懂得放手的父母，才能养出真正有出息的孩子。学会放手，是父母的智慧，也是孩子的幸运。

③不好好说话的家庭。据统计，我国每个孩子平均一天会得到超过40条的负面评论，而正面评论却只有3～5条。很多父母觉得赞美孩子只会让孩子骄傲，只有时刻鞭策孩子，孩子才能不断进步，但结果往往适得其反。所以，教育孩子，要多理解、多支持、多鼓励。父母好好说话，是孩子一辈子自信的来源。

④经常吵架的家庭。心理学家指出：如果一个家庭中，父母经常吵架，必然致使孩子的身心健康受到伤害，出现性格缺陷和心理问题。所以，最好的家教就是夫妻恩爱，唯有夫妻互敬互爱，孩子才能健康成长。

7. 有正能量的家庭，能培养出内心强大的孩子

在有正能量的家庭中，积极向上永远是主旋律。有正能量的家庭，能培养出内心强大的孩子。

[诠释]

在一个充满正能量的家庭里，永远是"1+1>2"或者"1+1+1>3"。生活在有正能量的家庭环境里，孩子的内心会充满阳光，会拥有宽阔的眼界和远大的格局。

①有正能量的家庭，父母拥有好情绪。在温馨和睦家庭里长大的孩子，才会幸福感满满。沐浴在爱与温暖里长大的孩子，会处变不惊、豁达乐观，待人接物也会彬彬有礼。

②有正能量的家庭，父母恩爱家温馨。只有夫妻恩爱的家庭，孩子才能把自己的生活重心放在自我成长上，才能发挥出自己的潜能，成就更好的自己；在未来的学习、生活和工作中，才会更加幸福快乐。

③有正能量的家庭，爱都藏在细节里。在有正能量的家庭里，没有那么多的争吵、抱怨、指责与贬低，更多的是鼓励与赞美，因为美好的语言能让内心开出花儿来。父母事业有成，家里干净整洁，孩子听话乖巧，这才是幸福家庭应该呈现的模样。

④有正能量的家庭，充满向上的氛围。在有正能量的家庭里，充满着包容、理解、欣赏、感恩和尊重，积极向上永远是主旋律。孩子生活在这样的氛围中，不仅拥有豁达的心境，而且能给他人的心灵注入正能量。

8. 父母是孩子的第一任老师

父母作为孩子的第一任老师，不仅要学会不发脾气，学会改变自己，给孩子创造一个好的成长环境，而且要让孩子学会在复杂的环境里自我成长。

[诠释]

家庭是人生的第一所学校，父母是孩子的第一任老师。所谓家教，不过是父

母在孩子心里种下的精神和情感的种子,这些种子伴随着孩子一同成长。

父母不是要杜绝孩子犯错误,而是要学会不发脾气。脾气暴躁的父母,常常把最亲的人当作情绪的垃圾桶,日复一日地倾倒自己的情绪垃圾。在负面情绪里成长起来的孩子,很容易学会"发泄情绪,复制暴力",却很难学会有效沟通和积极面对。

父母要学会改变自己。养孩子是为了参与一个生命的成长,亲子关系是生命中最深厚的缘分,是无怨的爱,是心胸和智慧的远行。在和孩子相处的路上,父母要做的就是修炼和改变自己,默默守护,静待花开。静待花开,不是撒手不管,而是遵循孩子的成长规律。

好的父母,不仅要给孩子创造一个好的成长环境,更要让孩子学会在复杂的环境里自我成长。好习惯的养成,不可能一蹴而就,而是要经过千锤百炼反复打磨的。

9. 父母越舍得,孩子越优秀

> 舍得与孩子相伴,花时间陪伴孩子;
> 舍得对孩子放手,锻炼其生存能力;
> 舍得让孩子吃苦,锻炼其耐心意志;
> 舍得为自己投资,为孩子树立榜样。

[诠释]

①舍得与孩子相伴,花时间陪伴孩子。现在有很多父母都忙着工作,基本上没有时间陪伴孩子。一些父母甚至以为自己在外面辛辛苦苦赚钱,让孩子衣食无忧就是对孩子最好的关心。其实这只是父母一厢情愿的想法,对于孩子来说,能够得到父母更多的陪伴比什么都开心。

②舍得对孩子放手,锻炼其生存能力。很多父母由于溺爱孩子,什么事情都想替孩子包办,这样反而会害了他。父母舍得放手,才是对孩子最大的负责。所以,不管你多爱你的孩子,都不要爱得太满,不要付出太多,让孩子自己去探索人生,他才更容易成才。懂得放手的父母才能培养出有出息的孩子,而迟迟不愿意放手的父母就是在培育社会"巨婴"。

③舍得让孩子吃苦，锻炼其耐心意志。当今有很多父母舍不得让孩子吃一丁点儿苦，生怕孩子受半点儿委屈，在这样的环境中成长的孩子将很难在社会上立足。只有从小培养孩子吃苦耐劳的精神，孩子才能够更好地体谅父母的艰辛。在面对困难的时候，他们才能够勇敢地迎接挑战，而不是躲在父母的身后等待父母的保护。所以，即便你再爱孩子，也需要让他多吃读书的苦、惩罚的苦、分离的苦和失败的苦。

④舍得为自己投资，为孩子树立榜样。很多父母认为，教育好孩子就是多给孩子投资，没必要投资自己。其实，要教出综合能力强的孩子，父母不仅要舍得为孩子投资，还要舍得为自己投资。没有父母敢说自己什么都懂，什么都能做到最好。所以，想让孩子努力成为更好的人，父母也需要为自己投资，努力充电，活到老，学到老，给孩子树立好的榜样。

10. 父母决定孩子的人生格局和人性温度

> 父亲是山，父亲决定孩子的人生格局；
> 母亲是水，母亲决定孩子的人性温度。

[诠释]

父亲是山，奠定了孩子一生的格局。正如苏霍姆林斯基所说："每个父亲都是使者，只有使者们不断进修，端正自己的观念品行，培养出的孩子才能自立于人群之中。"在一个家庭中，父亲是孩子最好的榜样，通常孩子会以父亲身上的优秀品质为骄傲，并以此来要求自己。得到父亲充分陪伴的孩子，更勇敢，更自信。美国耶鲁大学曾做过一项研究：由男性带大的孩子智商更高，他们在学校里的成绩更好，将来走向社会也更容易成功。所以，要想让孩子更优秀，父亲首先要有大格局，要多抽时间陪伴孩子。

母亲是水，润物无声，决定了孩子人性的温度。孩子一般和母亲接触较多，孩子都更依赖母亲。如果母亲性情温和，善于调节家庭气氛，孩子也会心态平和。如果母亲性情暴躁，总喜欢发脾气，对孩子大吼大叫，孩子也会受到负面影响，要么非常懦弱，要么极度暴躁。母亲决定一个家的温度，更在潜移默化中决定着孩子的人性温度。

11. 父母恩爱有利于孩子成长

> 父母恩爱，能给孩子更大的安全感，更有利于孩子与人交往，孩子也会更加懂得去爱。

[诠释]

和谐的夫妻关系会让孩子知道，爸爸最爱的人是妈妈，妈妈最爱的人是爸爸，父母会一起来爱自己。于是，他会安心地做好孩子的角色，享受父母给他的爱。

①父母恩爱，能给孩子更大的安全感。夫妻恩爱，会让孩子变得勇敢，学会独立克服困难和恐惧。这样的孩子，在成长的路上，内心是安稳并充满自信的。

②父母恩爱，更有利于孩子与人交往。家庭，是社会的细胞，也是社会的缩影。夫妻之间的相处，也是在给孩子上潜移默化的"修养课"。相敬如宾的夫妻，孩子自然也会彬彬有礼、富有爱心、乐观自信。孩子长大后，由内而外的气质和言谈举止，都会散发出积极和友好的气场，更容易让人亲近和尊重。冷淡的夫妻关系，经常伴随着吵闹、冷战，甚至破口大骂。在这样的家庭中长大的孩子，大多都积攒太多的负面情绪。

③父母恩爱，孩子也会更加懂得去爱。夫妻间的欣赏是珍贵的感情滋润剂，不仅滋润了家庭，同时也会让孩子懂得如何欣赏他人。当一位母亲得到丈夫的关爱时，女性的魅力自然散发出来。妈妈夸赞爸爸了不起，爸爸自然就成了孩子最亲近的守护神。在这样和悦家庭氛围中长大的孩子，不仅乐观向上，也会热爱生活，关爱他人。

12. 父母的层次

> 三流父母做保姆；
> 二流父母做教练；
> 一流父母做导师。

[诠释]

三流父母做保姆。当今大多数父母，首先是孩子的保姆。他们含辛茹苦，将主要精力投入到孩子的膳食营养、健康保健等生活层面的照料上。在自己的悉心呵护下，孩子吃得饱穿得暖，穿得干净清爽，惹人疼爱。这样，对孩子"养育"的职能渐渐变成了单纯的养，"育"的职能就在无尽的关爱中被弱化了。在这种家庭里长大的孩子，很容易庸庸碌碌一辈子。

二流父母做教练。二流父母是孩子的教练，他们会用各种手段，不惜一切代价，逼迫孩子学会各种技能，让孩子变得更加优秀。在这样的教育理念下，诞生了无数的"虎妈""狼爸"。这种教练式的教育方式，虽然让孩子看起来比同龄人获得了更多的技能，进入了更好的大学，但很容易扭曲孩子的本性，让孩子的性格变得偏执。

一流父母做导师。首先，一流父母会从孩子的角度看问题。在和孩子相处的时候，他们站在孩子的角度看世界，走进孩子的生活，和孩子进行有效的沟通和交流。其次，一流父母会教孩子科学管理时间。真正决定孩子学习成绩的，不是智商，而是孩子对时间的管理。再次，一流父母会教孩子独立思考。针对不同的孩子，他们利用生活中发生的具体问题，提供机会让孩子学会独立思考，让孩子自己面对困难和解决问题。

13. 家庭教育的最大敌人是父母的坏脾气

父母教育孩子，有一种东西是有百害而无一利的，那就是坏脾气。坏脾气是亲子关系最强的杀伤武器。

[诠释]

一分脾气七分害。有位教育专家说过，贫穷不会带来教育的失败，但精神的虐待一定会制造出问题儿童。让孩子生活在精神的虐待中，就如同给他戴上了终生痛苦的枷锁。很多父母把孩子的任性、不听话、顽皮捣蛋归咎在孩子身上，其实每一个问题儿童的背后，必然存在着问题父母。再有灵性的孩子，如果经常遭受父母的精神虐待，也难免会走向消极、悲观。

父母克制坏脾气的方法主要有三：第一，学会沟通，把发脾气换成沟通。比如看到孩子作业没写完，不要一上来就火冒三丈："你怎么还没写？天天就知道玩！"这样孩子会更抵触写作业。如果父母这样说："你不按时完成作业，我真的很难过。如果你能在半小时内把作业写完，我会非常开心。"父母耐心去教育孩子，孩子更容易接受父母的建议和管教。第二，静心思考，真诚地面对自己的情绪。父母一味地压抑、克制自己的情绪也不是最好的办法，压抑的情绪最终会以更失控的状态爆发。高效率处理情绪的做法是，凡遇到不顺心的事，父母最好走出家门，把所有的怒气、怨气、坏脾气一股脑儿吐出来，等情绪平息了再和孩子沟通。第三，及时疏导，学会真实表达情绪。孩子做错了事或受了委屈后，父母不要指责、埋怨和打骂，而要理解、关爱和倾听，多给孩子耐心、宽容和信任的空间，要相信孩子有自我纠错的能力。孩子只有把内心的"垃圾"倒出来后，才能真正听得进父母的良言和教诲。

14. 父母好好学习，孩子天天向上

最好的教育，是父母永不放弃自我学习。只有父母好好学习，孩子才能天天向上。

[诠释]

许多父母，结束了读书生涯，有了工作，有了家庭，有了孩子，达到了人生表面上的"圆满"，于是便放弃了自我学习，生活安逸，悠然自在，轻松洒脱。其实，这样的父母，对孩子的教育通常是不到位的。最好的教育，是父母永不放弃自我学习。

中小学生的父母大多处于三四十岁。这个年龄段的人特别容易走向两个方向：要么阅历越来越丰富，越来越有魅力；要么视野越来越狭窄，与外在世界越来越疏离。有时候，孩子的教育拼的就是父母的功底，拼的就是父母的处世态度和人生感悟。所以，人到中年，路要越走越宽，教育孩子的正道是父母持续地完善自己。

教育孩子最理想的状态是，孩子懂的父母懂，孩子不懂的父母也懂；至少，父母比孩子学得要多。父母坚持学习，既是为了孩子，也是为了自己。孩子的起点，是父母的肩膀。所以，我们要做勤奋好学的父母，只有父母好好学习，孩子才能天天向上。

15. 焦虑的父母培养不出快乐的孩子

> 父母的焦虑情绪，不仅会使内心失去平静，也会传染给孩子。

[诠释]

经常听到年轻的父母抱怨说，养孩子不容易，弄得自己心力交瘁。到底是孩子难养，还是父母的内心太焦虑呢？父母的焦虑情绪不仅会使内心失去平衡，也会传染给孩子，使孩子变得抑郁、暴躁、不合群。

为什么有的父母容易产生焦虑情绪？因为太盲从、太自卑，不相信自己的孩子是最棒的，害怕孩子输在起跑线上。也许有的父母会说，人家的孩子有天赋，我的孩子没天赋，我不早点儿让孩子学习，他将来怎么赶超？如果父母存在这种想法，则说明他们对孩子不自信，也对自己不自信。

每个孩子都是独一无二的，就像世界上没有两片完全相同的树叶一样。既然如此，就不能用盲从的心态去对待孩子的成长。父母不妨试着顺其自然，遵从孩子的成长规律，遵从孩子的天性，这才是父母应该给孩子最好的教育。

16. 合格家长的标准

> 合格家长的标准有六个：陪伴、信任、包容、自律、发现、尊重。

[诠释]

每个家长都期待孩子成为一个出类拔萃的人。但是，家长们，以下六个标准你们达到了吗？

①陪伴。有研究表明，长期没有父母陪伴的孩子，会形成性格上的自卑、敏感、多疑，一旦这种性格在孩子心中扎根，将会影响孩子的一生。陪伴孩子其实很简单，和孩子一起做个小游戏，给孩子讲个小故事，陪孩子一起做个小手工，不需要花费太多的时间，就能让孩子感受到父母的关爱。

②信任。父母的爱有时会成为孩子成长的羁绊和枷锁，让孩子放不开手脚，无法展翅飞翔。因此，父母要相信孩子，放开孩子的手脚。孩子只有在跌跌撞撞中成长，以后才会更加稳步地走上他所需要的人生舞台。

③包容。为人父母，要学会包容孩子。包容并非一味地纵容孩子的任性，是在孩子犯错后冷静思考其犯错的原因，引导孩子改正错误；是在孩子知错的情况下，原谅孩子的过错；是鼓励孩子拥有质疑精神，勇敢提出自己独特的见解；更是包容孩子的"不完美"，接受孩子的"平凡"。这样，孩子也会受到父母潜移默化的影响，拥有豁达处世的心胸，不计较眼前的得失，能以长远的目光看待事物。

④自律。自律是一种优秀的品格，有助于孩子养成良好的习惯。父母是孩子最早模仿的对象，只有自律的家长，才有自律的孩子。想要让孩子学会自律，父母首先要做到自律，以身作则，严于律己。

⑤发现。好家长要有一双慧眼，能看到孩子在生活学习上的缺点和不足，并积极寻求解决之道，耐心温和地提醒孩子及时改正。好家长也能看到孩子身上的闪光点和孩子身上蕴含的潜能，并帮助孩子激发潜能。只有了解孩子的天赋所在，因材施教，及时给孩子相适应的教育，才能让孩子更好地发挥长处，对未来有更清晰的规划。

⑥尊重。父母要尊重孩子。孩子首先是一个独立的个体，然后才是你的孩子。所以父母既要尊重孩子的个性、兴趣和想法，也要尊重孩子的选择权。

17. 父母的心态，决定孩子的命运

父母爱比较，是对孩子最大的伤害。接纳孩子的不完美，是父母给孩子最好的礼物。父母的心态，决定孩子的命运。

[诠释]

有的父母总喜欢把自己的孩子和别人家的孩子做对比，在孩子面前夸赞别人家的孩子学习好、懂事、听话……也许我们并不认为自己的对比方式是暴力的，但确实会摧毁一个孩子的自信。父母口中的"别人家的孩子"就像一座大山，会在孩子内心深处打上烙印，让孩子背负一生。

①父母爱比较，是对孩子最大的伤害。心理学家苏珊·福沃德博士在《中毒的父母》中写道："没有一个孩子愿意承认自己比别人差，他们希望得到成人的肯定，他们对自己的认识也往往来源于成人的评价。"经常遭受父母打击的人，容易自卑，并且会陷入自我怀疑和自我否定的情绪中不能自拔，严重时还会患上

心理疾病，导致许多极端行为。心理学上有一个"暗示效应"：父母无端的对比、否定，会给孩子消极的心理暗示，并转化为孩子"内在的批判声音"，形成强大的"反自我"意识。长时间的比较，使孩子的坏情绪在累积到一定程度时，就会产生恶性反弹，造成学习成绩越来越差。唯有放下比较，才能收获一个健全开朗的孩子。

②接纳孩子的不完美，是父母给孩子最好的礼物。每个孩子都是一粒花的种子，只有被父母相信、接纳，才能开出属于自己的花朵。父母无条件的接纳，可以让孩子树立信心，激发自己的潜能，创造出未来无限的可能。而不被父母接纳的孩子，就像折翼的天使，对自己没信心、自卑。即使有潜力的孩子也不敢努力绽放，因为他们害怕会遭到父母的无情打压。

③父母的心态，决定孩子的命运。每个孩子都是一粒花的种子，只不过每种花的花期不同。有的花，一开始就会很灿烂地绽放；有的花，需要漫长的等待。不要看着别人的怒放了，自己的那颗还没动静就着急。相信是花，都有自己的花期。每个孩子都是一个天使，只要父母够用心，孩子最终都能成为最好的自己。作为父母，我们需要的是为孩子提供肥沃的土壤，静心观察孩子的成长，选择适合孩子的方式耕耘，默默守护孩子的成长。

18. 父母的眼界，决定孩子的边界

> 父母的眼界，为孩子打开认识世界的第一扇窗。为人父母，努力开阔自己的眼界，就是为孩子开启一片蓝天。

[诠释]

父母是孩子成长道路上的领路人。父母的高度决定孩子的起点，父母的胸怀决定孩子的格局。父母的眼界，为孩子打开认识世界的第一扇窗。

最好的教育，是眼界教育。所谓教育，拼的不是家庭出身，而是父母的眼界格局。怎样看出父母眼界的差异呢？例如，同样是在街上遇见一个乞丐，一般父母可能会趁机教育孩子："你要好好学习，不然将来只能像他一样以乞讨为生。"有眼界的父母却会郑重地告诉孩子："你要好好学习，将来让他这样的人都能有饭吃。"前一种父母给予孩子现实教育，用残酷的现实激发孩子向

上的动力。后一种父母给予孩子眼界教育，鼓励孩子跳出眼前的小圈子，站在更高的角度看问题。做父母的能有如此胸怀，教育出来的孩子必将成为国之栋梁，做人、做事也会更有担当。

父母有什么样的眼界格局，就会给孩子规划什么样的人生。有眼界的父母，能从长远角度考虑，为孩子指明前进的方向。孩子未来能飞多高，很大程度上取决于父母给他提供了一个怎样的起点。父母有眼界，孩子从一出生就可以站在同龄人无法企及的高度。好的父母，一定要在眼界和格局上为子女做出表率。

好的教育，短期看成绩，中期看人品，长期看眼界。为人父母，努力开阔自己的眼界，就是为孩子开启一片蓝天。

19. 父母的赏识，决定孩子的自信

父母对孩子的赏识，就是给孩子一种强大的精神力量和自信的心理暗示，是孩子继续努力和勇敢前进的最大动力。

[诠释]

孩子自信心的培养，主要来源于父母对孩子的赏识。父母对孩子的赏识，就是给孩子一种强大的精神力量和自信的心理暗示，是孩子继续努力和前进的最大动力。那么，如何赏识孩子？父母可以从以下三个方面入手：

①要从赏识孩子的优点开始。父母要让孩子明白自己的优点和长处，并不断加以赏识和鼓励。孩子如果能在父母的赏识中获得自我成就感，就会对自己提出更高的要求和期望，从而不断地完善自己。

②要鼓励和赞美孩子的进步。孩子的自信心来源于父母对其每一次进步的肯定和鼓励。孩子的内心深处是期望得到别人注意的，尤其是父母的肯定、鼓励以及真心的赞赏。

③要积极面对孩子所犯错误。父母在孩子犯错误的时候，必须保持冷静的头脑，要让孩子明白犯错误的原因，并及时纠正错误，以减轻孩子的挫败感，保护好孩子的自信心。

20. 做"四有"父母

> 父母有修养，孩子有教养；
> 父母有格局，孩子有宽度；
> 父母有远见，孩子有未来；
> 父母有原则，孩子有规矩。

[诠释]

父母对于孩子而言，不仅仅是养育与陪伴的关系。在孩子成长的岁月里，父母是孩子接触时间最长也是对孩子影响最大的成年人。父母的一言一行、一举一动都将投射在孩子的一生中。

①父母有修养，孩子有教养。家庭是教育的主战场，家庭是孩子的第一所学校，父母是孩子的第一任老师，父母的言传身教在孩子教育中意义重大。父母以身作则的品德教育，是孩子健全人格塑造的重要环节，它决定着孩子长大成人后品德是否高尚，处事是否得当。父母的修养，就是孩子的教养。

②父母有格局，孩子有宽度。格局，是一个人精神上的基本架构，它昭示着一个人的胸襟气度，也是一个人内在精神的直接反映。父母有大格局，孩子才能走得长远。所以，父母不能只关心孩子吃得饱不饱、穿得暖不暖，对孩子的关心不能仅仅停留在物质层面，更要在精神层面关心孩子。养育孩子，不只是"养"，更要"育"，除了物质上的满足，父母更应关注的是把孩子培养成什么样的人。

③父母有远见，孩子有未来。父母虽不能将自己的理想强加在孩子身上，但却可以为孩子的未来添砖加瓦。有远见的父母会根据孩子的实际情况，为孩子的未来打算。有远见的父母不会唯成绩论，他们会培养孩子的学习兴趣，发现孩子的长处，并引导孩子不断地完善自我。

④父母有原则，孩子有规矩。父母的爱可以多多益善，但一定要有原则。教育孩子，有原则地约束比无条件地纵容更重要。有原则，就是让孩子遵守规矩。父母有原则，才能教育出有规矩、有修养的孩子。孩子越小，父母越需要理性，越需要坚持原则。面对孩子的不良行为和不合理要求，父母必须用坚决的态度使孩子明确行为的界限。想让孩子守规矩、讲规则，父母首先自己要守规矩、讲规则。父母一旦制定了规则后，就要严格遵守执行，不能轻易破坏。

21. 父母的言语，决定孩子的路

父母的言语，是朵花，也是根刺，既能为孩子的路铺满鲜花，也能让孩子的路遍布荆棘。

[诠释]

父母的言语是孩子前行途中的路灯。父母的言语可以是三月暖阳，也可以是腊月寒风；可以是潺潺流水，也可以是惊涛骇浪。

①父母日常的言语，决定孩子的态度。父母是孩子的第一任老师，也是陪伴孩子最久的老师。都说孩子是父母的影子，当孩子什么都不懂，第一次认识世界时，是向父母模仿学习的。父母言语积极文雅，孩子也会变得文雅；父母动辄脏话连篇，孩子也会变得粗陋不堪。因此，在日常生活中，父母要严格要求自己，给孩子树立好的榜样，不说脏话，不怨天尤人，不背后诋毁他人。

②父母待人的言语，决定孩子的人际。有的孩子患有社交恐惧症，对于如何与人相处、怎样跟他人交朋友束手无策。其实，这与在幼年时期父母未对其做出好的示范有一定关系。父母如何与人相交，如何对待朋友亲人，孩子会在日常的观察中不断模仿，进而衍生出自己的一套交友待人之道。

③父母教子的言语，影响孩子的心理。心理专家调查显示，很多有心理障碍的人，都是由年幼时受过言语刺激所致，而这种言语刺激之所以威力巨大，恰恰是由于出自最亲的人口中。当孩子一旦被语言击中，无论你以后如何解释都无法消除这个伤害。因此，跟孩子说话，要把孩子放在一个与你平等的位置上，不要动辄批评，也不要宽容放纵，要好好跟孩子说话，把他当作大人一样进行交流。

22. 做合格的妈妈

世界上最伟大的爱莫过于母爱，但对孩子的爱也要讲究方式方法。母亲的性格、语言和行为会影响孩子的一生。

[诠释]

世界上最伟大的爱莫过于母爱，但对孩子的爱也要讲究方式方法。母亲的性格、语言和行为会影响孩子的一生。以下九种妈妈是不合格的妈妈。如果你是其中的一种或几种，请抓紧时间改正！

①不守信用的妈妈。答应了孩子的事一定要做到，不然妈妈的威信会减弱，孩子会变得更难教育。妈妈的失信行为会给孩子造成负面影响。

②说爸爸坏话的妈妈。孩子的一半来自父亲，一半来自母亲。否认父母其中的一方，等于无形之中也否认了孩子的一半。

③爱攀比的妈妈。有的妈妈总是拿自己孩子的缺点与别人家孩子的优点做对比，这样责备孩子，不仅会使孩子不服气甚至反感，而且对培养孩子的个性和自信心不利。

④总说"我是为你好"的妈妈。一些妈妈总是打着"我是为你好"的旗号，擅自规划孩子的人生。其实有些路需要让孩子自己去闯，这是孩子的人生，任何人都不能替代。

⑤不尊重孩子隐私的妈妈。有的妈妈与朋友、邻居聊天时，喜欢把孩子的隐私公布于众。每个孩子都有他自己的私人空间，即使是父母也不能随意侵犯。

⑥脾气暴躁的妈妈。有些妈妈不分对错总把孩子当出气筒，这会让孩子错以为妈妈不高兴是因他引起的。长此以往，孩子会产生自责和自卑心理。

⑦爱哭穷的妈妈。"你知道养你有多不容易吗？"这句话非常伤害孩子。作为母亲，你可以告诉孩子什么物品可以买，什么不能买，为什么不能买，但不要总说"没钱""买不起"。

⑧过于"谦卑"的妈妈。当孩子展示自己最拿手的本领时，有的妈妈总会当着他人的面说孩子做得不好，以显示自己的谦卑。其实，适当的鼓励更有利于孩子的成长。

⑨爱敷衍的妈妈。当妈妈因为专注其他事而忽略了孩子，孩子会感觉妈妈是在敷衍自己，自然也不愿与其交流。亲子交流被阻碍，孩子会变得孤僻、自闭。

23. 做合格的爸爸

因自己的爸爸而具有自豪感，这是儿童个性升华的道德基础；
因自己的爸爸而具有羞耻感，这是阻碍儿童上进的沉重包袱。

[诠释]

因自己的爸爸而具有自豪感，这是儿童个性升华的道德基础；因自己的爸爸而具有羞耻感，这是阻碍儿童上进的沉重包袱。可见，当一个好爸爸对孩子的健康成长尤为重要。以下是八种不合格的爸爸。

①脾气暴躁的爸爸。如果爸爸脾气暴躁，动不动就骂人甚至打人，孩子的脾气也好不到哪里去。爸爸乖戾易怒，还可能造成孩子在恐惧中形成卑微、懦弱的性格。

②不体谅妈妈的爸爸。有的爸爸对妈妈的付出习以为常，甚至回到家还对妈妈指手划脚，这会让孩子失去安全感。而孩子最大的安全感，来自父母的相亲相爱。

③缺席孩子教育的爸爸。从爸爸身上，男孩子会学到男子气概，女孩子则会学到如何与异性相处。作为父亲，再忙再累，也要承担起教育孩子的责任，对得起"父亲"这个称呼。

④毫无诚信的爸爸。言出必行的爸爸，是孩子心中的榜样。爸爸的言行一致更是对孩子最好的教育。如果爸爸经常不兑现承诺，不仅会失去威信，也不利于培养孩子的责任意识。

⑤控制欲过强的爸爸。如果孩子总依据爸爸的想法行事，长期没有自己的选择权，他们就会迫切想要从这个家庭独立出去，越发叛逆。

⑥爱唠叨的爸爸。一些爸爸自己不爱看书，却整天教育孩子"别看电视了，快去看书"。事实上，爸爸是"原稿"，孩子是"复印件"。爸爸希望孩子怎么做，要先从自身做起。

⑦生活习惯不良的爸爸。有些爸爸不大注意个人卫生，不爱洗澡、刷牙，孩子也会照着学。喜欢抽烟、喝酒的爸爸，更会给孩子带来负面影响。

⑧过分严厉的爸爸。如果爸爸一直以严厉的面孔对待孩子，父子之间容易产生隔阂。孩子一旦有什么问题，不会求助于爸爸，也不会与爸爸商量，难免会做出错误的决定。

24. 学校是家长必须敬畏的地方

学校是家长必须敬畏的地方，老师是家长必须尊敬的人。

[诠释]

学校是家长必须敬畏的地方，老师是家长必须尊敬的人。入学的时候，请带着孩子去拜见老师，并让孩子恭恭敬敬地向老师敬礼。学期末或毕业时，请带着孩子恭恭敬敬地给老师道谢，感谢老师的辛勤付出。

请信任孩子的老师，他们都是受过师德教育并怀仁慈之心的人，他们在学科领域也许并不一定有很高的造诣，但他们懂得如何把知识准确高效地传递给你的孩子。所以，你如果想让老师教好你的孩子，请恭恭敬敬地向老师请教，而不是以你高学历或高地位的身姿居高临下俯视老师，否则，你的孩子难以亲其师、信其道，也难以获得有效的教育。

请不要影响老师的教育教学安排。教学内容的选择、目标的确定、过程的设计都是老师潜心研究的结果。所以，家长不要用你的非专业思维左右或干扰老师的节奏。一把钥匙开一把锁，每个孩子都是独立的生命个体，在处理每个孩子的问题上，老师的教育教学方式可能不同，请不要给老师冠以"不公平"的帽子，因材施教才是最大的公平。

当然，老师也是一个平凡的人，不可能十全十美。请不要以个别师德欠佳的老师抹黑老师的群体形象。请别以"老师是春蚕""老师是蜡烛""没有教不好的学生，只有不会教的老师"这类唯美唯心的说法"绑架"老师。教育是一项宏大的工程，需要全社会的协作。老师是在用良心做事，他在尽最大的努力教给孩子更多的知识，塑造孩子美好的心灵，但有些事老师也是无能为力的，这需要家长更多的理解。

25. 老师对孩子的态度，并不仅仅取决于孩子

> 请善待老师，特别是那些对你孩子严厉的老师。家长多一些宽容和理解，多一些尊重和信任，老师一定会加倍关注你的孩子。

[诠释]

被老师重视的孩子，成绩更优秀，自信心更强，无论是在智力还是性格的发展上都会更好。而一旦被老师忽略，孩子不仅会成绩下降，出现自卑情绪，而且在人际交往上也容易产生障碍。老师对孩子的态度，不仅仅取决于孩子，从某种

程度来说，受家长影响更大一些。

①每一个孩子都是家长的宝贝，孩子在学校受了委屈，家长一时冲动愤怒是很正常的，但在去学校"讨说法"之前，一定要先把事情的来龙去脉搞清楚。如果是自己孩子错了，那就主动道歉；如果是别的孩子错了，最好向老师反映一下情况，让老师来协调处理；如果是学校和老师处理不当，可以先跟学校和老师协商下一步的处理办法。在这个过程中，家长要表现出理解和宽容的态度，这样会给老师留下好的印象，自然会对你的孩子另眼相待。

②对于学校和老师的规定，家长要尽量配合。如果家长对一些规定有意见，默许甚至鼓励孩子违反规定，就会让学校和老师非常为难。其实，一些在家长看来不合理的制度，往往就是为了保护学生的安全和营造孩子良好的学习环境。

③孩子的教育，第一责任人应该是家长，老师希望能和家长建立联系，及时掌握孩子在家的情况，便于调整对孩子的教育方式。因此，家长不管工作再忙，也要抽时间按时参加家长会。如果实在无法抽身，最好再约时间和老师进行沟通。

④现在很多家长会觉得，教育是服务行业，老师就应该给我的孩子提供最好的服务。但是教育不是服务，它是心灵层面的引导和滋养。老师内心最崇高的情感只有被激活，他才能用心去对待学生，给你的孩子最优质的教育。所以请善待每位老师，特别是那些对你孩子严厉的老师。家长多一些宽容和理解，多一些尊重和信任，老师一定会加倍关注你的孩子。

教子策略篇

教子策略是指在教育孩子的过程中所采取的宏观实施方案。它包括教育孩子的战略战术、家庭教育的思想观念及教育孩子的方式方法等。本篇的教子策略内容主要有：

父母最大的福报是培养出优秀的孩子。家庭教育最好的方式，就是父母双方在对孩子的教育态度上保持一致，都要把"严"和"爱"集于一身，做到教子有方、爱子有度。

做父母容易，做智慧型父母难。优秀的孩子，都是父母"陪"出来的。父母要时常提醒自己莫忘初心，让孩子平安、健康、快乐地成长。亲子沟通的前提是了解，基础是平等，核心是关爱，关键是尊重。

让孩子养成守时、整理、阅读、运动、做家务的好习惯比什么都重要。父母给孩子金山银山，不如从小教孩子养成好习惯。爱孩子，就要尊重孩子，学会与孩子零距离沟通。最好的家教，是带孩子见世面。父母要接纳孩子的不完美，孩子的成长比成功更重要；让孩子成为一个正常人，比单纯成为学习上的"超常"者更重要。孩子并不是只有考第一才会更幸福。不要把孩子扼杀在专制教育之下，不要对孩子"过度教养"。儿童不是缩小版的成年人，要接纳孩子的不完美，让孩子成为最好的自己。

家校合力才是教育孩子的正确之道。善待老师，就是善待孩子的未来。

26. 父母最大的福报是培养出优秀的孩子

> 孩子优秀，是父母教育的成功，是父母能力的体现，是父母用心培养的结果，也是父母最大的福报。

[诠释]

①孩子优秀，是父母教育的成功。很多父母年轻时总以为事业有成是幸福，可等到老了才发现，孩子优秀才是真正的幸福。培养出优秀的孩子，是父母前半生最重要的事。深爱孩子，把孩子培养得更优秀，是父母给予孩子最好的爱。孩子优秀，不仅意味着孩子有更宽广的未来，也代表着父母的远见与睿智。

②孩子优秀，是父母能力的体现。父母的能力，不仅在于能教育好孩子，还体现在能看得见孩子的亮点，注重培养孩子的闪光点。当父母抓住孩子的闪光点，根据孩子的个性特长去培养，孩子必然会展露出他最棒的一面。

③孩子优秀，是父母用心培养的结果。父母的用心付出与正确的爱，是孩子心灵养分的重要源泉。当父母的爱变成一点一滴的支持，孩子就会懂得努力的意义和责任，才能更有正能量。

④孩子优秀，是父母最大的福报。对父母来说，人生最大的幸福，就是孩子优秀。培养出优秀的孩子，父母所有的辛苦与艰难都成为一种幸福的付出，这份付出是非常值得的，也是十分美好的。

27. 表扬"五要"与批评"五不"

> 表扬有技巧，"五要"要做好；批评有艺术，"五不"要记牢。

[诠释]

在家庭教育中，表扬与批评都是不可缺少的。但无论是表扬还是批评，都要讲究方式方法。

如何进行表扬？一要及时。马上表扬，否则过几天孩子可能就忘了。二要明确。让孩子明确父母为什么表扬自己，让孩子知道哪点做得对，以后要继续发扬。三要有侧重。多表扬努力精神，少表扬自身天分。四要提出希望。在表扬时提出一些要求和希望，此时孩子情绪比较好，家长提出的要求孩子更容易接受。五要奖励。表扬时可适当给孩子一些奖励，但要以精神奖励为主，物质奖励为辅。

如何进行批评？一不失控。在孩子出现过失时，家长不要扩大自己的情绪。二不对人。要批评孩子所犯过错，不要否定孩子本人。三不算旧账。只批评孩子当时的过错，不要联系以前的老账。四不立批。当孩子犯错时，要选择适当的时机，不要不分青红皂白立即批评。孩子犯错时，父母立即去批评教育孩子很容易做出不理智的行为，对孩子造成不可挽救的伤害。五不粗暴。不要采取简单粗暴的方式处罚孩子，可采取人性化的惩罚办法。如：可以记档案，把孩子一个礼拜的学习、卫生表现列个表贴在墙上，孩子表现好的画红星，不好的画蓝星；可以扣减娱乐时间，如规定孩子每天看1个小时电视，当孩子表现不好时，减少20分钟；可以将功补过，用立功行为弥补自己的过失。

28. 避开四大家教误区

> 在教育理念上，不要目的错位；
> 在教育内容上，不要重智轻德；
> 在教养方式上，不要放任自流；
> 在教育责任上，不要缺失担当。

[诠释]

家庭教育走入误区，就会耽误孩子的健康成长。一般说来，父母容易走入以下四种家教误区：

①在教育理念上，目的错位。有的父母把孩子当成私有财产，担心孩子长大了会远走高飞，自己年老后无人照顾，于是牢牢地控制孩子的言行。其实，家庭教育的最终目的是让孩子成为他自己，让孩子找到自己的社会位置，实现自己的人生价值。

②在教育内容上，重智轻德。有的父母只重视培养孩子的智力学习，而忽视孩子的品德发展。其实，家庭教育的根本目标是教育孩子成人，家庭也是培养孩子品德的主要场所。父母应该重视孩子的心理健康，知晓孩子的情绪情感是否健康，是否能够面对困难和挫折，这是家庭教育不可或缺的部分。

③在教养方式上，放任自流。很多父母认为树大自然直，认为孩子长大后就会一切变好，所以采取"放任式"的家庭教育方式。这种教育方式等同于放弃家庭教育责任，无视孩子的正当需求。其后果是容易使孩子养成自私、冷漠的性格，甚至会使孩子形成攻击性的人格。

④在教育责任上，缺失担当。很多家庭分工十分明确，爸爸忙于挣钱，把教育孩子的责任全部推给妈妈。父亲在教育中的缺位会影响孩子心理、性格和人格的发展。有一些父母认为，孩子的所有教育，都是由学校负责的；孩子只要有问题，就找学校和老师兴师问罪。这是推卸家庭教育责任的表现。还有一些父母认为自己不懂得教育，就把希望寄托在各种课外补习班上，殊不知有的孩子根本接受不了，也消化不了。

29. 把"严"和"爱"集于一身

家庭教育最好的方式，就是父母双方在对孩子的教育态度上保持一致，都要把"严"和"爱"集于一身，做到教子有方、爱子有度。

[诠释]

很多家庭比较崇尚"红白脸"教育，也就是"严父慈母"或者"慈父严母"。不少父母认为，家里总要有一个严厉的，唱"白脸"，有一个和蔼的，唱"红脸"。在"红白脸"教育中，白脸一味地建立规则，而红脸一味地破坏规则，造成家庭教育的五个不足：一是让孩子的价值观错乱，二是使孩子逐渐和"白脸家长"疏远，三是让"红脸家长"失去权威性，四是使孩子变成"两面派"，五是加重孩子的心理负担。

家庭教育最好的方式，就是父母双方在对孩子的教育态度上保持一致，父母都要把"严"和"爱"集于一身，做到教子有方、爱子有度。这样配合默契的父母，才能更好地获得孩子的信任，也能为孩子提供更有利于其健康成长的家庭环境。

如何设立"爱的规矩"呢？第一，和孩子协商制定。在设立规矩、提出要求之前，最好和孩子一起讨论。只有孩子认可了规矩和要求，才能更好地遵守。第二，制定规矩要具体。对孩子设立的规矩和要求，越具体越好。第三，保持规矩一致性。同一个家长对于孩子的要求要一致，不同家长对于孩子的同一行为的反应也要一致。第四，要体现爱的温暖。要积极、主动地表达对孩子的爱，给予孩子温暖。不要让孩子觉得只有达到了父母对他的要求，父母才会爱他。要让孩子明白，无论怎样，爸爸妈妈都是爱他的，家永远都是他温暖的港湾。

30. 妥善处理教育分歧

当父母在家庭教育上出现分歧时，一定要记住：观点存"大同"，争吵应回避，教育要连贯。

[诠释]

父母双方的经历、学历、性格、家庭背景等不同，在教育孩子方面难免会存在一些分歧。如果这些分歧在孩子面前多次上演，势必会影响到孩子的健康成长。因此，当父母出现教育分歧时，一定要记住以下三句话：

①观点存"大同"。面对孩子的教育问题，在大方向上尽量保持观点一致。如果出现分歧，父母双方应该私底下协商好，尽量做到存"大同"。

②争吵应回避。在教育孩子的问题上，如果父母双方因为观点分歧而发生争吵的话，应尽量回避孩子。

③教育要连贯。如果父母双方已经决定要对孩子实施某种教育，一定要坚持到底，尽可能连贯地完成，不要轻易半途而废。这对于培养孩子的坚毅品质是大有裨益的。

31. 做父母容易，做智慧型父母难

谁都不是天生的"完美父母"，在教育孩子的路上，父母必须不断地学习。父母往前迈出的每一小步，都是孩子走向优秀的一大步。

[诠释]

做父母容易，做智慧型父母难；养大一个孩子容易，养好一个孩子难。普通父母和智慧型父母的区别在于：

①关于沟通。普通父母总是按自己的意愿安排孩子的一切，和孩子的关系总

是"我说你做"。所以，他们会习惯性地否定孩子的想法，不给孩子发表自己意见的机会。智慧型父母明白试错是孩子成长的必经过程，探索性学习可以激发孩子的创造性。所以，他们会尊重孩子的想法，给孩子平等对话的机会和权利，鼓励孩子勇于发表自己的观点和建议。

②关于比较。普通父母喜欢把别人家孩子当作参照物，把别人家的孩子当标杆，要求孩子做到最好，这样会给孩子无形的压力。智慧型父母从不拿自己的孩子和别人做比较，他们只关注孩子的自我成长。孩子在成长中有失败的教训，也有成功的经验。孩子只需要和自己做比较，这样孩子才能学会如何面对未来的成败，更独立、自信地面对自己的人生。

③关于视角。普通父母只放大眼下，忽略了未来。他们用放大镜的视角看孩子，过度关注孩子当下的考试成绩，忽略了孩子的全面发展。智慧型父母有长远的打算，心存大格局，习惯用长远的目光来看待孩子的成长，为孩子将来的发展和成功培养后劲。

④关于提问。普通父母面对孩子提问时，通常会漠视或敷衍了事，或直接给出答案。智慧型父母会鼓励孩子提问，并引导孩子自己寻找答案和找出解决方案。

⑤关于能力。在普通父母的眼里，学习是唯一重要的事。他们经常对孩子说："你只要学习好就行，其他都不用管。"这就完全阻断了孩子的全面发展。智慧型父母会综合培养孩子各方面的能力，并给孩子提供发展兴趣爱好的机会。孩子在相对自由宽松的环境里，更容易成长为一个健全、完整、独立的个体。

⑥关于学习。普通父母把成绩当作衡量孩子学习的唯一指标，以此判断孩子是否优秀。他们只关注孩子的学习成绩，不在乎孩子是否有学习兴趣和动力。智慧型父母恰恰相反，他们更关注孩子的学习兴趣和动力，因为他们知道，只有学习兴趣和动力才是支撑孩子成绩增长的内因。

⑦关于教育。普通父母教育孩子，就是跟孩子说很多大道理。智慧型父母很少说教，他们懂得"身教胜于言教"的道理，会以身作则、潜移默化地影响孩子，成为孩子的学习榜样。

⑧关于生命。普通父母认为人生就是一场竞赛，他们始终致力于给孩子设计一条更高的起跑线，只追求成功、金钱、荣誉这些外在的东西，却不关注孩子的生命本身。智慧型父母更注重孩子生命里的体验、收获、经历和乐趣，教育孩子更有活力，更有生命力，更注重孩子实现其内在价值。

32. 父母莫忘初心

> 生命是一段旅程，而不是一场竞赛。父母要时常提醒自己，我们的初心是希望孩子平安、健康、快乐。

[诠释]

世上的爱大多是以聚合为目的的，唯有父母对孩子的爱，是以分离为目的的。爱孩子，就要给孩子自由，让孩子独立。无论父母多么爱孩子，都无法一路相伴，孩子的人生只能让他自己去走。父母只能无条件地接纳孩子，对他坚定不移的支持，帮他提高做人的能力，最终成就他自己。

人的许多动机是由其本质决定的，但做着做着，常常因为走得太快、太急或太远，而迷失了方向，遗忘了自己出发时的初衷。所以，父母要时常提醒自己，我们的初心无非是希望孩子平安、健康、快乐。

莫忘初心，生命是一段旅程，而不是一场竞赛。人总是活在当下，人生如果能把握好每一个当下，已经是意义所在了。所以，父母要做的就是守护孩子能够得到当下的快乐和幸福，不焦虑、不盲从、不攀比。让孩子在成年后，即使身处低谷，被爱滋养过的心灵依然有一种免于崩溃的力量；即使挫折不断，童年时被植入人性深处的光辉，依然还有力量去改变现实，成就自我。

33. 父母和孩子沟通的智慧

> 父母和孩子沟通的前提是了解，基础是平等，核心是关爱，关键是尊重。

[诠释]

作为父母，要学会和孩子沟通，建立一种和谐的亲子关系。

①亲子沟通的前提是了解。父母一要了解孩子的气质和性格，二要了解孩子的兴趣和爱好，三要了解孩子的需求和需要。

②亲子沟通的基础是平等。父母不能倚仗自己的大人权利，实施独权，这样容易和孩子产生隔阂。父母要在生活中真正尊重孩子，以平等的身份对待孩子，与孩子建立一种相互信任的关系。

③亲子沟通的核心是关爱。爱是孩子成长过程中一切力量的源泉。爱是无条件地接纳孩子，不要把"爱"当成一种筹码。当孩子调皮的时候，或者孩子受挫的时候，或者孩子被他人排斥的时候，更需要父母的关爱。

④亲子沟通的关键是尊重。父母要尊重孩子，尊重孩子的人格，尊重孩子的感受，尊重孩子的观点，尊重孩子的选择。

34.请尊重孩子的磨蹭

> 孩子磨不磨蹭，跟他的学习好坏没有必然联系。磨蹭其实是孩子成长的必经阶段，只有当他按照自己的节奏，一步一步探索出按时做事情的规律，才能真正成长起来。

[诠释]

在日常生活中，孩子喜欢磨蹭、拖拉，让家长非常头疼。其实父母不断提醒孩子要"快快快"的时候，是以成年人的节奏带动孩子的节奏。

科学家发现，孩子是有自己的生理节律的。一般来说，2岁半以前的孩子，完全没有"时间"这个概念；到了2岁半，孩子对"时间""先后"这些词才有了初步认识；2岁半到3岁，孩子能分得清"过去""现在"和"未来"；4岁的孩子，能够描述出在幼儿园里干了些什么，但还不能具体说出在什么时间干了什么事，这一点孩子要到5岁才能做到；6岁的孩子对于类似于半小时、20分钟之内的时间到底有多长没什么感觉；7岁的孩子已经能够分得清时间了，却是他们最磨蹭的时候，因为在他们的潜意识里，其实还没有接受在特定时间内做特定事情的节奏。所以，磨蹭其实是孩子成长的必经阶段。只有当他按照自己的节奏，一步一步感受"时间"，探索出按时做事情的规律，才能真正成长起来。

父母都希望孩子能够长成情商超高、人见人爱的人。其实，如果尊重孩子的成长节奏，他是完全有可能成为这样的人的。但如果你越俎代庖，强行阻断他对"时间"的感受，有可能使孩子形成极端型人格，或是过分依赖型，或是极度反叛型。

孩子磨不磨蹭，跟他是否聪明、是否学习好没有必然联系。磨蹭不是病，催促的家长才最要命。孩子的磨蹭都是事出有因的，过度地催促孩子，反而会阻碍孩子的心智发展。

35. 家庭教育，不要指望孩子能自觉

家庭教育，不要指望孩子能自觉；有远见的父母，不会指望孩子能自觉。父母一定要起到监督、管束作用。

[诠释]

孩子在成长和学习的过程中，到底是靠自觉自律，还是靠父母管束和监督呢？笔者认为，孩子之所以是孩子，就在于他缺乏自觉性。因此，在教育的路上，家长永远不要指望孩子能自觉。

①家庭教育，不要指望孩子能自觉。教育出一个优秀且自觉性高的孩子，是一个漫长的过程。在孩子还小的时候，父母千万不要指望他能自觉，不约束孩子，那只会让他越来越放纵自己。有人说，好孩子都是管出来的，熊孩子都是惯出来的。想培养出一个熊孩子很简单，由疼爱到溺爱，孩子被娇惯放纵久了，就会变成熊孩子；想培养出一个优秀的孩子也很简单，那就要给他恰到好处的管束。

②有远见的父母，不会指望孩子能自觉。真正有远见的父母，都会有点儿"狠心"，在教育孩子的时候，都难免会带点儿狠。每个人的人生都只有一次，不能重来，错过了再悔恨也没有任何意义。所以，在孩子还小的时候，父母如果不逼他一把，他就会错过最好的学习时机。在孩子学习自觉性不高的时候，父母一定要严厉督促他，这样才能让他成才。

③孩子的自觉性，越早培养越好。在孩子没有自主思考能力的时候，父母一定要做好监督工作，一旦看到孩子的行为逾越规范时，就要及时指出来并进行纠正，否则他会一错再错。有时候，孩子需要适当的强制，这种强制并不是对他的压迫，而是在他意志软弱的时候帮他克服困难，让他变得更加坚强。在监督孩子的过程中，父母也要自律，要以身作则，给孩子一个好的学习榜样。

36. 培养孩子五个好习惯

守时——让孩子成为靠谱的人；

整理——培养秩序感和专注力；

阅读——积累终身受益的财富；

> 运动——激发孩子的体能自尊；
> 劳动——培养自理能力和责任心。

[诠释]

有能力的孩子飞得高，有好习惯的孩子才能飞得远。父母给孩子金山银山，不如教孩子从小养成守时、整理、阅读、运动、劳动的好习惯。真正拉开孩子差距的不是智商，而是以下五个好习惯：

①守时——让孩子成为靠谱的人。有句话说，守时的人不一定优秀，但优秀的人一定很守时。因为守时的人代表着自律、有责任心，会让人觉得靠谱，值得信赖。对孩子来说，守时意味着有管理时间的能力，能有计划、有责任心地学习和生活。所以，请让孩子从认识时间的那天起，就养成守时的好习惯。

②整理——培养秩序感和专注力。哈佛商学院调查发现，课桌干净、整齐的孩子往往成绩优异、性格开朗、做事专注有耐力，而经常丢三落四、拖拉懒散的孩子，大多没有整理的好习惯。整理不但能锻炼孩子的观察能力、动手能力、自律能力，还能使孩子在潜意识中整理内心的情绪垃圾。孩子会整理物品，才能梳理知识；孩子能规划好空间，才能规划好人生。

③阅读——积累终身受益的财富。阅读不仅是一个好习惯，更是孩子洞察内心、感知生活的方式。教育家苏霍姆林斯基说：一个不阅读的孩子，就是学习上潜在的学困生。据调查，坚持阅读的孩子，学习成绩会高出平均分10分以上，80%的高考状元爱好阅读。爱读书的孩子思想更丰富、更成熟，不容易陷入偏见和固执中；爱读书的孩子人格独立，见解独到，不容易盲从。

④运动——激发孩子的体能自尊。运动会刺激身体分泌多种物质，提升智力发展。孩子的思维能力、自控力、竞争力、合作力、忍耐力也随之提高。因此，父母别让孩子做闷在室内的"塑料儿童"，让他们尽情流汗吧。如果允许，可以让孩子从小坚持一种单项运动或团体运动。

⑤劳动——培养自理能力和责任心。很多父母不让孩子劳动，怕碰着、累着，或怕孩子做得不好，给自己添麻烦。可是，衣来伸手、饭来张口不但教不出好孩子，还特别容易让孩子丧失责任心。其实，孩子并没有我们想的那么娇贵，那么弱不禁风。放手让孩子劳动吧，这样不仅能让孩子体察父母的辛苦和不易，懂得什么是付出和回报，而且能培养孩子的自理能力和责任心。

37. 培养良好亲子关系的"定位"

> 不当"法官",学做"律师";
> 不当"裁判",学做"啦啦队";
> 不当"导演",学做"观众"。

[诠释]

①不当"法官",学做"律师"。有些父母看到孩子出了问题,便迫不及待地当起了"法官",这是不妥当的。孩子的内心世界丰富多彩,父母要积极地教育与影响孩子。教育孩子的第一要诀是:呵护其自尊,维护其权益,成为其信赖和尊敬的朋友。父母对待孩子,要像"律师"对待自己的当事人一样,了解其内心需求,并始终以维护其合法权益为唯一宗旨。

②不当"裁判",学做"啦啦队"。在人生的竞技场上,孩子只能自己去努力。父母既无法替代孩子,也不该自作主张去当"裁判",而应该给予孩子一种保持良好竞技状态的力量,即"啦啦队"的作用。这样更能帮助孩子建立自信心,而这正是家庭教育的核心任务。父母做孩子的"啦啦队",既要善于发现和赞美孩子的成功,还要引导孩子正确面对失败,在挫折面前做孩子的战友。

③不当"导演",学做"观众"。孩子只有认识自己才能战胜自己,但孩子通常只能依据他人的反馈来认识自己,这时父母的"反馈"作用即观众的作用就很重要了。学做"观众",才能帮助孩子认识自己的不足,才能让孩子不害怕父母的"导演"权威,从而和父母进行有效的交流沟通。

38. 爱孩子,就要尊重孩子

> 爱孩子,就要尊重孩子。尊重孩子的感受,尊重孩子的兴趣,尊重孩子的选择。

[诠释]

真正爱孩子的父母都明白,爱孩子,就要尊重孩子。对孩子的尊重、信任和关爱，是引领孩子走向未来的风帆。

①尊重孩子的感受。每一个孩子都希望得到父母的认可和鼓励。如果能得到父母的鼓励，那么孩子在成长的路上就会变得更加自信。相反，如果父母打击孩子的自信心，则会让孩子逐渐变得自卑。

②尊重孩子的兴趣。兴趣关乎孩子的一生，只要孩子找到了自己的兴趣，就会不断地主动学习相应的知识，这不再是功课，而是本能的需求、愉快的体验。一个孩子对兴趣的执着，能得到父母的支持，无疑是幸运的，他未来的人生必然是一片光明。

③尊重孩子的选择。教育专家杨东平说过，让每一个孩子的天赋展现，是家长的终极使命。人们常说"条条大路通罗马"，并不是所有的孩子都适合走读书这条道。通过长期观察发现，智慧的父母在深思熟虑之后更清楚自家的孩子适合走什么样的路。

39. 不要过早给孩子买智能手机

给孩子买智能手机，造成的负面影响不容小觑。为了孩子的健康成长，家长尽可能不要过早给孩子买智能手机。

[诠释]

过早给孩子买智能手机，其危害主要有五：一是成绩下滑，二是带坏学风，三是腐蚀心灵，四是身体虚弱，五是引发眼病。那么，如果孩子已经对玩手机上瘾，父母应该怎么做呢？

①转移孩子的注意力。如果孩子已经对玩手机上瘾了，父母就要有相应的手段给予制止。此时，如果让孩子继续玩下去，显然是错误的，这样只会加重孩子对手机的依赖；但是如果强行制止，也不可取，因为孩子必然会激烈地反抗。所以，最好的方式是转移孩子的注意力。当孩子想要玩手机的时候，父母不妨带孩子出去走走，逛逛公园、打打球、跑跑步等，做一些孩子感兴趣的事情，来转移孩子玩手机的欲望。

②讲道理拒绝孩子。当孩子提出要玩手机时，父母不要立马严词拒绝，可以先跟孩子讲玩手机的害处。让孩子明白，其实手机并没有想象中的那么好，也有

许多的坏处，比如会造成严重近视，甚至会造成双目失明，让孩子感到"害怕"。如此一来，孩子自然不敢常提玩手机一事。

③培养孩子的兴趣爱好。有时间陪伴孩子的父母，可以带孩子走出家门，多接触大自然。没有时间陪伴孩子的父母，可以为孩子买一些益智又好玩的玩具，或者买一些有趣的图书，来培养孩子的阅读习惯，使孩子没有空余时间去玩手机。

40. 为孩子选择合适的幼儿园

> 要明白一个事实：并非收费越贵的幼儿园越好。
> 要树立一个观念：并非学习越多的幼儿园越好。
> 要清楚一个道理：并非规则越细的幼儿园越好。

[诠释]

①要明白一个事实：并非收费越贵的幼儿园越好。给孩子找幼儿园要找适合的，而不是找最贵的。目前很多高价幼儿园，无非就贵在硬件和所谓特色教学上。天价幼儿园往往设施奢华，这也是他们的宣传重点，可这对孩子成长意义并不大。其实孩子需要的并不多，只要两三部滑梯、几架秋千、一个沙坑、一些绘本、一些玩具，外加能奔跑嬉戏的场地就可以了。选择幼儿园时，不必被一些幼儿园的豪华设施晃花眼睛。有些所谓的"特色幼儿园"，其"特色"往往定位于某些具体的技能。其实绝大多数"特色幼儿园"并没有对应的师资力量，家长千万不要被这些噱头欺骗。

②要树立一个观念：并非学习越多的幼儿园越好。幼儿园是玩耍的地方，不是学习的地方。幼儿教育的任务是启蒙，不是灌注散碎的简单知识。启蒙教育必须是自由的、快乐的，儿童体内的智力能量才能被激发出来；如果是压抑的、束缚的，令孩子不快乐，则会走到启蒙教育的反面。如果幼儿园能做到不仅让孩子充分快乐地玩耍，而且在玩耍中注入了智力因素和情感因素，很好地启迪孩子的智慧，它就是一所好幼儿园。

③要清楚一个道理：并非规则越细的幼儿园越好。幼儿园制定一些规则是必要的，但太多了，就不是在培养孩子的规范意识，而是不尊重孩子的心理和生理

生长规律。把"纪律"这个属于成年人的东西早早地套到孩子身上，就是给孩子早早戴上一副枷锁。一个理想的幼儿园，应该规则少、自由度高。表面上看，这样的幼儿园太没规矩，事实上这种"没有规则"恰恰是儿童早期成长最需要的"自由的氛围"。在自由的氛围下，儿童内在的心理秩序感才不会被打乱，才能依自然规律有序生长。

41. 家庭教育四字诀

替——替孩子做些什么；
教——教孩子做些什么；
陪——陪孩子做些什么；
让——让孩子做些什么。

[诠释]

①替——替孩子做些什么。在孩子1岁之前，父母什么都要替孩子做。因为这个时候，孩子什么都不会做，所以父母一定要替孩子做所有的事情。

②教——教孩子做些什么。等到孩子两三岁的时候，父母就要开始教孩子做。在教的时候，要注意孩子的年龄、接受程度。天底下没有教一遍就会的小孩，所以父母一定要有耐心，不要不耐烦，多教几遍直到教会为止。

③陪——陪孩子做些什么。孩子不会做时希望父母帮忙，会做了就不愿意父母再管。很多时候，孩子不需要父母管，但却需要父母陪伴，所以父母在一边陪着孩子就好了。陪孩子时不要过分热心，过分热心反而会惹孩子讨厌。

④让——让孩子做些什么。父母经过了替孩子做、教孩子做、陪孩子做之后，还要让孩子自己做主张，学会自己主动做事情，不要限制孩子过多、过死。替孩子做、教孩子做、陪孩子做是过程，让孩子做才是结果。想要有良好的结果，必须先要有合理的过程。

42. 孩子犯错"七不责"

孩子犯错"七不责",即当众不责、愧悔不责、患病不责、饮食不责、欢庆不责、悲忧不责、暮夜不责。

[诠释]

①当众不责。父母如果当众责备孩子,会伤了孩子的自尊心。尊重孩子是父母的一个基本原则。家长应该明白,在人格上,大人和孩子处于同一水平线上,孩子应该得到平等的对待。要培养孩子的自尊心,家长首先要尊重孩子。

②愧悔不责。孩子做错事并意识到自己的错误后,一般会有愧悔之心。如果孩子已经为自己的过失感到惭愧后悔了,父母就不要再责备孩子。古语有云,得饶人处且饶人。孩子已经在为自己的过失而惭愧后悔的时候,我们就不要"得理不饶人",否则只会适得其反。

③患病不责。孩子生病的时候不要责备他。生病是人最脆弱的时候,孩子更需要父母的关爱和温暖,此时被责骂,对孩子的身心损害更大。

④饮食不责。心理学家研究证实,人的消化系统和情绪有很大关系,所以,吃饭的时候不要责备孩子。

⑤欢庆不责。孩子特别高兴的时候不要责备他。人高兴时,经脉处于畅通的状态,如果孩子忽然被责备,经脉会受到阻滞,对孩子的身体伤害很大。

⑥悲忧不责。孩子哭的时候不要责备他。哭本身就是情绪的一种宣泄,不妨让孩子痛痛快快哭出来,家长们大可不必再去对孩子的情绪雪上加霜。

⑦暮夜不责。晚上睡觉前不要责备孩子。此时责备他,孩子带着沮丧失落的情绪上床,要么夜不成寐,要么噩梦连连。

43. 优秀的孩子都是"陪"出来的

父母的爱与陪伴,是孩子成长过程中非常重要的营养液。有远见的父母,会利用生活中的每一个细节和碎片时间,关注孩子生活的点点滴滴,用温暖的方式和孩子沟通。

[诠释]

父母的爱与陪伴，是孩子成长过程中非常重要的营养液。耶鲁大学对孩子成长的黄金期研究发现，孩子成长中的每一阶段，都有独一无二的特色。如：3岁是培养创造力的一年，可以多鼓励孩子绘画、编故事、玩彩泥、做手工；5岁是亲子关系最亲密融洽的一年，孩子格外喜欢父母的陪伴与赞美；6岁是孩子内心开始出现矛盾且开始叛逆的一年，父母需要给孩子更多的耐心……父母如果能抓住每个重要时期给予孩子足够的陪伴，对孩子的健康成长非常有利。那么，父母应该如何有效地陪伴孩子呢？

①用心陪伴。陪伴，是一种互动的关系。陪伴孩子就要一心一意，不可心猿意马。有些父母在陪伴孩子的同时，仍做着或想着自己的事情，这都算不上有效的陪伴，也无法让孩子感受到父母在身边的快乐与幸福。真正有效的陪伴是和孩子共同完成一件事，比如一起搭积木、一起画画、一起做手工等，并在遇到困难的时候，一起想办法解决。

②及时帮助。孩子在成长的过程中难免会遇到一些挫折、困难，这对于缺乏生活经验的孩子来说，是一个难以克服的难题。他们迫切需要父母在身边及时给予必要的帮助。引导孩子处理难题，帮助孩子渡过难关，这对孩子的成长进步是非常重要的。

③保证时间。有统计数据显示，家长陪伴孩子的"及格线"为每周21.2小时。也就是说，父母每天至少要陪伴孩子3小时。有的父母总以太忙为借口不去陪伴孩子，有的父母认为把时间花在更有价值的事情上更好。但任何事业上的成功都无法弥补孩子教育上的失败。作为父母，好好陪一陪孩子吧。对孩子来说，没有什么是比父母的陪伴更幸福、更有意义的事情了。

44. 最好的家教是带孩子见世面

最好的家教，是带孩子见世面，即增长见识、观察世界、经历挫折。

[诠释]

孩子的成长，不在于有多高的起点，而在于有多宽的视野。作为父母，不仅要用心陪伴孩子，还要尽可能多地带孩子见世面。

①增长见识。一个人见世面的方式无非有两种：读万卷书，行万里路。然而哪怕是走遍全世界，你所看到的广度也是有限的，而知识的广度和深度则是无限的。读书，始终是增长见识最便捷、最有效的途径。人的一生，应该花更多的时间去读书。读书不应只读某几类书，而是要拓展阅读的宽度。书读多了，自然会改变一个人的气质和面貌，增长眼界和见识。

②观察世界。带孩子见世面，是为了让他在更广阔的天地中准确找到自己的定位。只有看过大千世界，才能做到心有乾坤。走出去，是为了让孩子亲近自然、观察生活。丰富的世界、多彩的生活，本身就是最生动的教材。

③经历挫折。梁启超曾告诫子女："处忧患是人生幸事，能使人精神振奋，志气强立。"即使在富足安逸的生活中，父母也要留意让孩子体验生活的艰辛。经历过挫折的人，既可以享受最好的生活，也能够承受最差的生活。让孩子经历挫折，才是对他的人生负责。

45. 请让孩子"输"在起跑线上

> 输在起跑线上，有可能赢得人生；赢在起跑线上，有可能输掉人生。欲将取之，必先予之，才是大智慧。

[诠释]

当今在教育领域对家长误导最深的一句话是"别让孩子输在起跑线上"。一些父母担心自己的孩子输在起跑线上，便想方设法通过各种培训班给孩子超前灌输与其年龄不同步的知识，犹如揠苗助长。

倘若将人生形容为一场竞赛，"起跑线"的比喻是恰当的。但是，"输在起跑线"上只适合短程竞赛，如果是马拉松那样的长跑，就不会有"输在起跑线"上的担忧。相反，马拉松比赛赢在起跑线上的运动员，往往由于没有保存体力，致使起个大早，赶个晚集。

马拉松比赛的特点是谁笑到最后，谁才能笑得最好，这和孩子学习知识的道理一样。当孩子没有一定的阅历时，给孩子灌输与其年龄不相符的知识，孩子没有生活经验，对知识的感悟不深刻，不但没有共鸣，甚至会产生厌恶。衡量教育是否成功，不是看分数，而是看孩子对所学知识的兴趣是越来越大还是越来越小。

如果孩子对所学知识的兴趣越来越大，说明教育成功了，反之则是失败了。

爱因斯坦说："想象力比知识重要。"人的大脑一山不容二虎：在学龄前，想象力独占鳌头，脑子被想象力占据。上学后，大多数人的想象力被知识驱逐出境，成为知识渊博但想象力丧失的人。很少有人能让知识和想象力在自己的大脑里共存，一旦共存，就是能进行创造性劳动的成功人士了。在孩子童年时，让其晚接触知识，有利于想象力在大脑里安营扎寨。倘若孩子成为想象力和知识并存的人，那离成功还会远吗？

46. 家庭教育的"情"与"理"

> 家庭教育，应是"情"与"理"的平衡、"情"与"理"的交融。既要让孩子任性，也要收敛孩子的任性。

[诠释]

家，是温馨的代名词，是亲情与爱的港湾，没有"情"便不能称其为家。但家又是一个不得不讲理的地方，孩子需要"理"的引导，方能更好地成才。"情"从某种意义上来讲就是内心的一种任性，而"理"就是要收敛这种任性，所以家庭教育必须要找到"情"和"理"的平衡点。

情感的发展是孩子成长的一个重要因素，在让"情"贯穿孩子成长始终的同时，又不能抛开"理"。父母对孩子的爱，可以是香甜如蜜，也可以是苦涩难抑，其关键就在于"情"与"理"这些调味剂。

47. 家庭教育四大法则

> 鱼缸法则——给孩子自由成长的空间；
> 狼性法则——培养孩子的好奇心；
> 南风效应——容忍孩子的缺点；
> 期待效应——提高对孩子的期望值。

[诠释]

①鱼缸法则——给孩子自由成长的空间。养在鱼缸中的金鱼，养了两年时间，始终不见其生长。然而将这种金鱼放到水池中，两个月的时间，原本三寸的金鱼可以长到一尺。对孩子的教育也是一样，孩子的成长需要自由的空间。父母的保护就像鱼缸一样，孩子在父母的鱼缸中永远难以长成大鱼。可见，要想让孩子健康茁壮成长，一定要给孩子自由活动的空间。

②狼性法则——培养孩子的好奇心。狼是世界上好奇心最强的动物，它们总能在恶劣的环境中生存下来。因此，要培养孩子超强的学习能力，一定要培养孩子对世界的好奇心，让孩子仔细观察生活，把兴趣当作学习的老师，这样的孩子会在未来的人生道路上走得更远。

③南风效应——容忍孩子的缺点。北风与南风打赌，看谁的力量更强大，它们决定比谁能把行人的大衣脱掉。北风无论怎样猛烈，行人将衣服越裹越紧；南风只是轻轻拂动，就使人们热得脱掉了大衣。南风效应告诉我们，宽容是一种强于惩戒的力量。教育孩子同样如此，那些一味批评孩子的家长，最终会发现孩子越来越听不进父母的话。每个孩子都有可能犯错误，父母要容忍孩子的缺点，客观、理智、科学地处理日常生活中出现的各种问题，才能更好地教育孩子。

④期待效应（也叫罗森塔尔效应）——提高对孩子的期望值。罗森塔尔做了一项试验，他对一个班的学生测验结束后将一份"最有发展前途者"名单交给了班主任。八个月后，罗森塔尔再次来到这个班上时，名单上的学生成绩都有了大幅度提高。学生成绩提高的秘诀很简单，因为老师更多地关注了他们。可见，每个孩子都可能成为天才，但这种可能的实现，取决于家长和老师能不能像对待天才那样去爱护、期望、珍惜这些孩子。孩子的成长方向取决于父母和老师的期望。简而言之，你期望孩子成为一个什么样的人，孩子就有可能成为一个什么样的人。

48. 父母说话的语气决定了孩子的智商和情商

父母跟孩子说话，要用尊重的语气、信任的语气、商量的语气、鼓励的语气、赞赏的语气。

[诠释]

成功的家教与父母的言语表达息息相关，尤其是父母跟孩子说话的语气，将对孩子的情商、智商、气质、修养产生深刻的影响。

①尊重的语气。孩子从两三岁起,自我意识就开始萌芽,随着年龄的增长,这种自我意识会越发强烈。孩子有了自己的一些主见,说明他已经明白自己的力量和潜力。当孩子提出自己的看法和要求时,父母应用尊重的语气和孩子商量,不要因为他不听你的话而粗暴地加以反对。

②信任的语气。孩子期望得到成年人尤其是父母的信任,所以对孩子说话时,要表现出充分的信任。如:"我相信你只要努力学,认真学,肯定能学好。"这无形中给了孩子一份自信,并让他明白,只有坚持努力才能获得成功。

③商量的语气。每个孩子都有自己的自尊心。当父母要求孩子做某件事时,要用商量的语气,让孩子明白,他和父母是平等的,父母是尊重他的。千万不要用命令的语气,否则孩子心里会产生反感,即便按父母的要求去做了,也是不开心的。

④鼓励的语气。当孩子做错了某件事,不要一味地批评责备,而应帮助他在过失中总结教训,积累经验,并鼓励他再次把做错的事情做好。这样,既教给了孩子实践的方法,又给了他再次尝试的信心。

⑤赞赏的语气。每个孩子都有优点,都有表现欲。父母发现孩子的优点并加以赞赏,会让孩子更加乐于表现。孩子的表现欲得到了满足,有了快乐的情绪体验,就会更积极地发扬他的优点和长处。

49. 正确应对孩子成人之前的四个重要时期

> 0～3岁:多多陪伴孩子;
> 4～6岁:激发孩子兴趣;
> 7～12岁:培养良好习惯;
> 13～18岁:拓宽视野格局。

[诠释]

①0～3岁:多多陪伴孩子。3岁以前是孩子安全感树立的关键时期,父母要多陪伴孩子,享受与孩子相处的时光。如带孩子上一些早教班,多参加一些亲子活动,还可以在晚上给孩子讲故事,或者带孩子感受一下大自然的抚摸。

② 4～6岁：激发孩子兴趣。这个时期的孩子对很多事物都会产生好奇，思维非常活跃，但往往缺乏耐心和恒心。这时候父母帮孩子找到兴趣非常重要，最重要的是要清楚哪些是孩子真的喜欢，哪些是三分钟热度。找到孩子真正感兴趣的事情并加以引导，是每个优秀父母的智慧。

③ 7～12岁：培养良好习惯。好习惯的养成，往往对孩子的未来发展更为重要。一是学习习惯的养成：提前预习是前提，上课认真听讲是关键，课下复习是重点。二是生活习惯的养成：教孩子注意个人卫生，保持衣物整洁得体，饭前便后要洗手，坚持早睡早起，做力所能及的家务等。

④ 13～18岁：拓宽视野格局。青春期的孩子充满了活力，身体各方面的机能也都处在最佳状态，他们渴望成熟，却又摆脱不了幼稚的束缚，所以会比较迷茫。这一时期，父母要打开孩子的视野，拓宽孩子的格局。父母可以带孩子去大城市旅游，领略现代文明的震撼；或者参加一些社交活动，逛一逛博物馆，激发孩子拼搏的动力；也可以带孩子去落后的乡村、山区，体验优裕生活的来之不易。

50. 接纳孩子的不完美

> 孩子就是在不断改善自己的不完美之处逐渐成长起来的。接纳孩子的不完美，是父母的必修课。

[诠释]

接纳孩子的不完美，是父母的必修课。我们总是羡慕别人家的孩子，却不满意自家的娃儿；我们总是盯着孩子的错误，却很少去发现孩子的优点；我们总是用成年人的标准去要求孩子，却忘了他们还只是个孩子；我们总是让孩子以超越别人为目标，却没看到孩子自己和自己比的进步。如果你不是完美的父母，就不要去苛求孩子的完美。孩子的成长，就是在不断改善自己的不完美之处。

每个孩子都是种子。有的种子，一开始就生根发芽、灿烂绽放；有的种子，则需要漫长的等待。但无论孩子是花儿，是小草，还是大树，父母要做的，就是接纳，这是普天下父母的必修课。

这世上，有一种教养，是原谅父母的不完美。其实，还有另一种教养，是接纳孩子的不完美。

51. 儿童不是缩小版的成年人

> 一个孩子有了充足的内力，才会通往未来幸福之路。孩子的内生动力，始于孩子的童年，始于孩子的特质，始于孩子的心灵。

[诠释]

　　好奇心、想象力、专注力和内在的秩序感，是孩子生命成长的重要内力。自主、自信、自律、好性格、好人缘、好品格，是孩子生命成长的重要动力。内生力、内驱力、内动力、内定力、内省力和内核力，是孩子一生发展所需要的重要力量。

　　一个孩子有了充足的内力，才会通往未来幸福之路。那么，内生动力从哪里来呢？其一，它始于童年。儿童不是缩小版的成年人，童年教育的独有价值不在于为孩子的成年做准备，而在于孩子发现自己、认识自己，生发内生动力。其二，它始于特质。"特长"和"特质"不仅仅是一字之差，每个孩子来到这个世界上，都是独一无二的，每个孩子都有可能成为某个领域的领军人物，包括那些学习成绩堪忧的孩子。其三，它始于心灵。丰富孩子的内心世界，要比装满孩子的大脑更重要。如果心灵出现了问题，大脑里装的东西再多也没有用武之地。

　　培养孩子的内力，父母要做到：其一，理性陪伴。父母不要拿自己的标准和想法苛求孩子，要让孩子以现有能力水平和上升空间量力而行，在培养孩子技能的同时给他选择的权利，并让他学习为自己的选择负责。其二，专注成长。许多父母在孩子小的时候就恨不得把孩子培养成明星或学霸，这未免有点儿贪心。要知道，揠苗助长、违背规律是要受到惩罚的。专注于生命成长，就意味着不要用一个统一且单一的"成功"标准衡量孩子，也无须以孩子学习上短暂的优势而沾沾自喜，更不要听到别人家的孩子学会了什么而焦虑，而是要让德智体美劳全方位浸入孩子的心灵。同时，要让孩子在力所能及的范围内体验失败与成功，这样才能加深孩子对世界的认识。"失败"这一课如果在孩子上小学时错过了，不得不说是人生的一种遗憾。

52. 家校合力才是教育孩子的正确之道

> 在孩子的成长路上，需要家长和老师"并肩前行"。只有家庭和学校

形成合力，孩子才能拥有更加美好的未来。

[诠释]

有的家长把孩子送到学校，总会说"孩子全都拜托老师了"，言下之意就是"我把孩子送到学校，交给老师，老师就要全权负责了"。这种把老师当成孩子的"大管家"，自己甩手不管的做法是不可取的。

其实，在孩子的成长路上，需要家长和老师并肩前行。家长与学校配合得越好，教育就越成功。最好的教育关系应是：家长支持老师，老师配合家长，老师与家长共同陪伴孩子健康成长。家长和老师在一起并肩"作战"，不是一加一等于二，而是一横一竖结合在一起，给孩子十倍、百倍的力量，帮助孩子成长。"教育"二字，包含着"教"与"育"两个方面，老师教授知识，家长养育孩子，不管何时，老师和家长的目标始终是一致的，责任与使命始终是相同的，那就是共同培育好孩子。所以说，只有家庭和学校"并肩前行"，形成一种整合优势，孩子才能拥有更加美好的未来。

因此，家长千万不要觉得把孩子送到学校、交给老师就万事大吉了。老师可以教给学生知识，却保证不了学生的品行。优秀的孩子必然是良好的学校教育和家庭教育共同作用的产物，家校形成合力，才是教育孩子的成功之道。

53. 孩子是独立的生命个体

让孩子成为一个正常人，比单纯成为学习上的"超常"者更重要；将孩子作为独立个体去教育、去欣赏、去尊重，对其发展更有益。

[诠释]

父母都爱自己的孩子，都希望孩子有一个光辉灿烂的前景。但为什么个少孩子的发展方向会与父母的设计背道而驰呢？作为父母，我们首先要问问自己：我要把孩子培养成为一个什么样的人？孩子呈现出什么样的状态才是成功的？

孩子在成长过程中，有多方面的需要，他们要找寻人生的意义，要在人生的多个方面证明自己"我能行"。他们首先是一个人，而不是知识的容器、学习的机器，他们需要丰盈的生活，而不是"吃饭—学习—睡觉"这样简单生活的重复。孩子是存在个体差异的，当我们评价孩子的成功与失败只有"学习成绩"这个指标时，就让大多数孩子在还没有真正开始丰富的人生之前就把自己定义为"失败者"。

今天我们要怎么做家长呢？在孩子0～18岁的阶段，我们要为孩子未来的幸福奠基，让他们热爱生活，觉得活着真好；让他们有丰富的情感，对亲人有感恩的心，对他人有恻隐之心；让他们有基本的生活感知能力、情绪调节能力、抗挫折能力……让孩子成为一个正常人，比单纯成为一个学习上的"超常"者重要得多。

孩子从出生的第一天起就是一个独立的个体，将孩子作为独立的个体去教育、去欣赏、去尊重，对孩子的发展非常重要。只有将孩子视为独立的生命个体，孩子才能独立思考自己生命的意义，才能尊重生命，才能在一路的跌跌撞撞中长成参天大树。

54. 夸赞孩子有方法

> 为人父母，永远不要吝啬对孩子的夸赞。但孩子的天生特长夸不得，孩子做平常事情夸不得，孩子的功利性行为夸不得。

[诠释]

一位哲学家曾说过，吝啬赞美自己孩子的父母，孩子最终会变得让他们无法赞美。可见，为人父母永远不要吝啬对孩子的夸赞。但夸赞要合情合理，不要因为一些小事情就夸赞孩子；夸孩子不要老是夸孩子聪明，要夸他努力；适当在别人面前夸夸自己的孩子，有利于树立孩子的信心。以下三种情况尽量不要夸孩子：

①孩子的天生特长夸不得。因为孩子如果经常听到自己天生特长之类的赞美话，会产生骄傲心理，久而久之，就会依赖先天优势而放弃努力。父母要告诫孩子，没有任何人是依靠先天优势取得成功的，即使有特长也要努力，否则终将沦为平庸者。

②孩子做平常事情夸不得。有些父母为了鼓励孩子，无论孩子做什么事都要

表扬一番。这种表扬的效果有可能会适得其反，孩子会认为只要做了就是优秀的，慢慢地就会变得盲目自大。

③孩子的功利性行为夸不得。很多孩子为了得到父母的表扬，刻意去做一些事情，这时候孩子就算完成得很好，父母也不要过多夸赞孩子，不然会导致孩子做事趋于功利性。

55. 学会与孩子零距离沟通

> 要真正走进孩子的内心，就必须与孩子互动，积极参与到孩子的单纯甚至是幼稚的游戏中去。

[诠释]

如果让列出孩子的优点与缺点，有很多父母列出的缺点会多于优点。究其原因，主要是这些父母从未真正走进孩子的内心。

孩子越小，内心就越纯净，越容易向别人开放。要真正走进孩子的内心，就必须与孩子互动，积极参与到我们"不屑一顾"的孩子的单纯甚至是幼稚的游戏中去，在孩子的指挥下一起拼图、玩玩具、写字、画画等，按照孩子的模式去配合他，而不是主导他。尽管我们的方法是"正确的"或"完美的"，但在孩子的心目中有自己独到的评价体系，孩子的思维中不时会迸发出灵感和创新。父母的循规蹈矩，会遏制孩子的想象力。

真正与孩子零距离沟通，不妨从以下开始：用"今天在学校有哪些开心的事"代替"今天表现好不好"，用"今天学到了什么知识"代替"今天布置了什么作业"，用"为什么喜欢这个玩具"代替"这个玩具有啥好玩的"，用"我能帮你什么忙"代替"你应该怎样怎样去做"，用"在唱歌和跳舞中，你比较喜欢哪个"代替"你必须学会唱歌或跳舞"，等等。

56. "骗"孩子也是一种教育方式

> 教育的成功与否就在于父母如何"骗"孩子。如果父母希望孩子优秀，请"骗"孩子说："你就是优秀的。"

[诠释]

"骗"孩子也是一种教育方式，当希望孩子优秀的时候，父母最好睁一只眼、闭一只眼，用睁着的眼睛去看孩子的优点、长处和潜力，对于孩子的缺点、不足和问题，如果能闭起眼睛，那些缺点、不足和问题可能就慢慢不存在了。

有一个世界级的"大骗子"，叫罗森塔尔，他是世界著名的心理学家。有一次他到一所学校，随便挑了十几个孩子，硬说他们是天才。结果八个月后，这些孩子进步非常明显。这个效应被称为"罗森塔尔效应"或"期待效应"。为什么"骗"孩子会有如此巨大的威力？人的行为形成最大的秘密是：先定为，再装为，后变为。先定为：用尽一切方式说孩子是爱学习的。对孩子说他是爱学习的好孩子，对别人说他是爱学习的好孩子，平时就把他当作爱学习的好孩子对待。再装为：孩子刚开始的时候，可能对你说的话莫名其妙，但是当他经常听到别人把他当作爱学习的榜样宣传时，他就可能会去尝试一下爱学习的感觉。一旦孩子有了爱学习的表现，立即会得到他人的肯定：他果然是个爱学习的孩子。那么，这个孩子就会在这些人面前表现得爱学习，即使不是真的爱学习，他也装成爱学习的样子。周围说他爱学习的人越多，他装的范围越广；周围说他爱学习的人坚持时间越长，他装的时间就越久。后变为：当这个孩子经常装成爱学习的样子，慢慢地就形成了一种习惯。他觉得他就是这样的人，爱学习是他本来就有的状态，于是他真的就成为爱学习的孩子了。

俗话说，谎言说一千遍也会变成真理。如果所有人都相信某个人是什么样的人，那他一定会变成什么样的人。心理学家曾经研究得出结论：想让别人变成什么样的人，就以他是什么样的人来对待他。优秀的父母正是有意或者无意遵循了这个原理，他们把孩子先定为优秀的、聪明的、有爱心的，然后，孩子在父母面前就真的成了这种人，父母的教育也就取得了成功。

可见，"骗"是一种教育的智慧，教育的成功与否就在于父母如何"骗"孩子。如果父母希望孩子优秀，请父母"骗"孩子说："你就是优秀的！"

57. 顺利度过危险的"16岁"

孩子16岁是危险叛逆期，更是最佳塑造期。在这一阶段，父母一定要下足工夫，把问题妥善解决，让孩子健康成长。

[诠释]

孩子16岁是个危险叛逆期。16岁左右的孩子通常存在以下六种心理特征：第一，自我感觉"长大了"，表现自我意识增强；第二，不成熟，讲歪理；第三，过于自信，形成自负心理；第四，意志薄弱，适应能力差，承受压力的心理空洞出现；第五，出现消沉、颓废、麻木、情感冷漠等不正常情感；第六，出现暴躁、易激动、寻求刺激等现象。

孩子16岁又是最佳塑造期。在这一阶段，父母一定要下足工夫，把问题妥善解决，让孩子健康成长。这个期间，孩子的学习也是一道坎。进一步可以冲向学霸，退一步可以掉成学渣，与同龄人的差距越拉越大。

那么，作为父母，能给孩子哪些引导和支持呢？第一，要无条件接纳孩子、理解孩子，不要再埋怨孩子。第二，父母要认知自我、改变自我，把控好自己的情绪。第三，陪伴是最好的爱。这个时期的孩子，经常处在混乱和矛盾的心理状态之中，如果父母此刻能带着更多的接纳和爱陪伴孩子，孩子会感受到家庭的温暖，这种温暖会让孩子的叛逆行为减少很多。第四，父母应留下一点时间给自己。父母关爱孩子，但不能成为孩子的保姆。父母应主动寻找一点时间和空间，暂时把孩子放在一边。这不是不管孩子，只是为孩子创造更多的自主环境。

58. 家庭教育要"五给"

一个家庭，最应该给予孩子的是空间、温柔、规矩、习惯、能力。

[诠释]

①给空间。教育的方法有很多种，要根据孩子个人的特点来引导。比如：有的孩子主动性不强，要想办法引导他主动学习；有的孩子很主动，就要尽可能放开，给他一个空间，发挥他的儿童天性。这就是最好的教育。

②给温柔。教育孩子，不能一味以强硬的态度实施，而要用父母的温柔来感化孩子。当然，温柔不是溺爱。

③给规矩。孩子的成长受家庭教育、学校教育和社会教育等方面的影响。其中，家庭教育要承担更多的责任。父母真正的爱绝不仅仅是物质上给予满足，最重要的是教孩子学会怎么做人。父母对孩子的教育，既要有规矩，也要有制度。

④给习惯。家庭教育要培养孩子勤俭节约、诚实守信、礼貌待人、尊老爱幼、主动学习等好习惯，这非常重要。

⑤给能力。智慧的父母会培养孩子能面对挫折和困难的坚强性格，培养孩子独立生存的能力。

59. 不要把孩子扼杀在专制教育之下

作为家长，不要把孩子扼杀在专制教育之下：不要过分规范孩子的举动，不要强行限制孩子的自由，不要断然否定孩子的想法。

[诠释]

在专制型家庭里，父母是绝对权威，子女要绝对服从。父母常常以权威口吻规范孩子的举动，限制孩子的自由，否定孩子的想法。孩子长期生活在这样的环境里，大多只有两种结果——不在沉默中消沉，就在沉默中爆发。

这里所说的"消沉"，是指孩子彻底成为一个"乖"孩子，完全按照父母的想法生活。他们以父母的意志为中心，没有自己的想法，总是唯唯诺诺，面对新事物缺乏信心，缺少尝试的勇气，这样的孩子长大后通常也不会有太大的成就。这里所说的"爆发"，是指专制影响在孩子心里累积到一定程度时所表现出来的反抗行为。刚开始，孩子并不会表现出不满，他们会把不满埋藏在心里。当不满达到一定程度时，孩子就会用埋怨、顶嘴来宣泄自己的情绪。

令人感到可悲的是，专制教育在中国仍然是一种较普遍的现象。当然，这些父母也有自己的理由：我的本意是为孩子好。这就是所谓的温情专制。当专制披上了温情的外衣，专制就堂而皇之地成为父母的"好"。即使孩子的感情被伤害了千百次，父母也视而不见、充耳不闻；一旦孩子稍有反抗，就会上升到大逆不道的高度。

这里提醒各位家长：不要强行对孩子进行知识和技能的灌输；不要不考虑孩子的天赋及兴趣，按照自己的想法进行塑造；不要不考虑孩子的承受能力，进行超龄负载；不要不考虑孩子智力发展的规律性和阶段性，强行施教；不要不尊重孩子的意愿，擅自为孩子做出种种选择和安排。

60. 参加家长会要提前备课

参加家长会，一要按时参加，二要主动向老师反映孩子的情况，三要认真听取老师对孩子提出的要求，四要会后与孩子制订下一步的努力目标。

[诠释]

家长会就是教育者的大聚会。家长是老师教育孩子的合伙人，合伙人不来，如何联合起来教育你的孩子？家长对自己的孩子都不上心，还能指望别人上心？老师可以上心，但怎能比得上家长上心的效果？

参加家长会家长要提前备好课，至少完成四个环节：第一，安排好本职工作，按时参加。如确因工作忙脱不开身，则应向班主任说明情况，日后再约请老师单独交流，不要错过时机。第二，赴会前应认真地与孩子谈一次话，带着问题与老师做个别交谈，主动向老师反映孩子的情况，征求老师的意见和建议，把问题、忧虑全部提出来，和老师共同研讨。第三，认真听取学校领导、班主任和各科任课老师关于学校情况的汇报，重点领会学校工作的进展和教育的发展趋势，从而明确学校和老师对孩子提出的要求。第四，家长会开完后与孩子认真谈心，交换意见，与孩子共同研究改进措施，并制订好下一步的努力目标。

61. 与孩子谈话"三要"

父母与孩子谈话，一要抓住重点谈，二要针对问题谈，三要集中时间谈。

[诠释]

①要抓住重点谈。俗话说，牵牛要牵牛鼻子。如果父母和孩子谈话抓不到重点，整天泛泛地要求孩子应该这样做，不应该那样做，一见面反复叮嘱孩子"好好学习"，把"抓紧做作业"挂在嘴边，孩子不烦才怪。如果父母平时多观察，多到学校走一走，积极与老师沟通，了解一些真实的具体情况，那么和孩子谈话一下子抓住要点，其谈话效果会截然不同。

②要针对问题谈。正在成长中的孩子不可能没有不足，而且其不足表现在多方面。与孩子谈话时，不要奢望面面俱到、全面开花，应针对一两个问题进行集

中突破，其他问题待时机成熟再谈。假若谈得多、面拉得宽，效果反而不好。谈话时要就事论事，不要主观臆断，因为孩子最忌提陈年老账，最烦与其他孩子攀比。

③要集中时间谈。孩子平时忙于学习，学业负担重，人累；回家父母再啰唆，心累。这种状态下，孩子怎么可能会与父母心平气和地坐在一起谈话呢？因此，父母平时应看在眼里，记在心里，将问题集中起来，找一个不受干扰的时间和地点，很庄重地与孩子坐在一起交谈。父母要么不说，要说则集中起来一次说到位，既有力度又有深度。

62. 家长得"病"，不要让孩子"吃药"

中国式家庭教育的三大痛点：过度溺爱孩子是一种病，得治；棍棒之下出孝子的陋习，得改；"丧偶式教育"对孩子的伤害，得医。

[诠释]

家长对孩子过度的"爱"，导致一些孩子都被"养废"了。很多父母后悔当初没有重视对孩子的教育，可惜世界上没有后悔药可买。所以想要避免孩子被"养废"，父母需要改掉以下三大痛点：

①过度溺爱孩子是一种病，得治。孩子出生后成为家庭的核心，家里所有成员全都围绕着孩子转。很多父母自己舍不得吃穿，却舍得给孩子花钱，以至于有时孩子提出不合理的要求，父母也从来不说一个"不"字。其实，过度溺爱是对孩子的一种伤害。爱孩子是每一个家长的本能，但是父母的爱是要有原则的。首先，父母需要做到适度，对于孩子不合理的要求，要学会拒绝，并告诉孩子拒绝的理由，巧妙地使用方法化解孩子内心的不满。其次，父母需要有自己的底线，当孩子犯了原则性错误时，父母不能放任不管，要学会引导孩子向着正确的方向发展。再次，父母要教会孩子独立，给孩子成长的空间。

②棍棒之下出孝子的陋习，得改。有的家长认为过于温柔的教育方式根本镇不住孩子，最有效的办法就是棍棒伺候。然而，这样的教育方式容易让孩子走上极端，孩子要么变得越来越逆反，要么变得越来越懦弱。正确的教育方法是什么呢？首先，要尊重孩子。每一个孩子都有尊严，渴望得到父母的尊重。父母一味打着为了孩子好的旗号，做着处处伤害孩子自尊的行为，孩子能健康成长吗？其

次，要相信孩子。父母不要当着孩子的面将其和其他孩子进行比较，要相信自己的孩子是独一无二的，自己孩子身上有着别的孩子身上没有的闪光点。再次，要做孩子的朋友。当父母和孩子成为朋友的时候，父母才会站在孩子的立场上思考问题，才会更懂孩子，孩子也更愿意和父母交流，父母也能更好地了解孩子的心理状况和发展情况。

③ "丧偶式教育"对孩子的伤害，得医。在部分家庭中，妈妈挑起了教育孩子的全部重担，爸爸却成了家庭教育中的"隐形人"。这种"丧偶式教育"的方式容易导致孩子出现性格上、人格上的缺陷。要想孩子不被"养废"，父母双方都要重视孩子的教育问题，作为父亲不能把挣钱养家作为推卸责任的借口。同时，父母要分工明确，各司其职，共同承担起对孩子的教育责任。

63. 过早寄宿对孩子是不利的

送孩子寄宿，尤其是让孩子上全托幼儿园，对孩子的健康成长是不利的。家长要慎重对待孩子的寄宿问题。

[诠释]

关于孩子是否需要寄宿，持肯定态度的专家认为可以培养孩子的自理能力和团队意识；持否定态度的专家认为缺少家庭的温暖，不利于孩子的情感培养和智力发展。笔者认为，要培养一个出色的孩子，父母必须意识到：父母是最好的老师，亲情是最好的营养品，餐桌是最好的课桌，家庭是最出色的学校。因此，孩子在读高中前最好不要寄宿。到了高中阶段，是否需要寄宿，最好征求孩子的意见，酌情而定。

脑神经科学已证实，孩子早期情感发育不良，会直接损害大脑的正常发育，使其结构异常，造成无法逆转的病理性改变。孩子从自然人成长为社会人，必须依循成长秩序渐次展开。孩子首先要获得温饱、安全感、爱和亲情等这些自然需求，然后才能发展到更高一级的自律、合作、利他意识和能力。家庭的温暖，尤其是母爱，是一个儿童成长必不可少的心理营养品。送孩子寄宿，尤其是送孩子上全托幼儿园，是剥夺了幼儿的原始自然需求，对孩子的健康成长是不利的。

有些父母说，我知道寄宿对孩子不好，但工作实在忙，没办法。确实，孩子幼小的时候，往往正是父母开始打拼的时候，但这不足以成为天天不见孩子的理由。年轻时谁不忙呢？想做一件事总有办法，不想做一件事总有借口。再忙也要回家吧，哪怕每天和孩子相处的时间只有半个小时，或者几分钟，都是有意义的。只要父子间常听到对方的声音，母子间常闻到彼此的气味，家中就会形成甜蜜的气场。这种气场包围着孩子，让孩子内心感到安全而滋润。

事实上，寄宿造成的情感疏离，不仅仅发生在孩子身上，也发生在父母心里。缺少相处的长度和频次，彼此间的情感联结就会比较稀疏，爱的浓度和质量就不会高。许多父母不能很好地理解孩子，难以与孩子沟通，这与他们和孩子相处机会少，建立的情感联结比较稀疏有关。

64. 别让奖励毁了孩子

> 奖励固然有明显的短期效果，但是如果奖励不当，则会给孩子带来负面影响。所以父母在奖励孩子的时候，一定要注意方式方法，别让错误的奖励毁了孩子。

[诠释]

在孩子的教育问题上，父母可谓使尽了浑身解数，有的父母经常采用奖励的机制促进孩子的学习。例如对孩子说：如果你这次考试得100分，我就给你买最新款的手机；如果你能考进班级前三名，妈妈奖励你100块钱；……父母也许没有想到，正是这种不当的奖励方式，使孩子的学习动机从最初的为自己学习，转变成了为父母学习，从而使孩子对学习的兴趣一点一点地消减了。

诚然，奖励在短期内可以很好地起到激励孩子学习的作用，但并不能从根本上改变孩子，也不能对孩子产生长远的影响。所以父母在奖励孩子的时候，一定要注意方式方法，尽量避免给孩子单一形式的物质奖励。常用的奖励方式有：一是精神奖励。可以来自父母的口头赞扬，或给孩子鼓鼓掌，或拍拍孩子的肩膀，或给孩子一个拥抱等。二是活动性奖励。可以和孩子一起做游戏，或共同观看孩子喜欢看的电影，或外出旅游等。三是物质奖励。可以给孩子买一些喜欢的食物、时尚的服装、心仪的玩具，或者父母给孩子制作手工品等。四是学习用品奖励。可以奖励对孩子学习有帮助的一些用品，如孩子喜欢的新书、学习器具等。

65. 学做"朋友型"家长

父母要和孩子建立良好的"朋友关系",多倾听孩子的想法,多用朋友的语气和孩子沟通。

[诠释]

父母和孩子做朋友,好处有三:一是便于亲子之间的沟通,让父母更容易了解孩子的内心,知道孩子的真实想法;二是让孩子在父母的尊重中,更加懂得尊重他人;三是减少了父母和孩子交流时的隔阂,使孩子乐于表达自己。但有些父母在把孩子当朋友的时候,没有把握好分寸,容易使孩子目无尊长,没大没小。还有一些父母打着和孩子交朋友的旗号,压缩孩子的生活空间,或者以朋友的名义干涉孩子的学习、生活,最终导致孩子不愿意和家长交朋友。

如何和孩子建立良好的"朋友关系"呢?第一,多倾听孩子的想法。当孩子对父母说一些自己生活、学习中的烦恼时,父母一定要耐心倾听。在整个倾听的过程中,要让孩子觉得父母尊重自己,把自己当作朋友对待。听完后,父母要提出一些解决问题的建议,不要无条件地顺从孩子的想法。第二,多用朋友的语气进行沟通。作为父母,要耐心倾听孩子的倾诉,和孩子沟通时也要尽量把语气放缓和,让孩子感到有亲近感。父母不要用居高临下的态度对待孩子,否则朋友关系名存实亡。

同时,做"朋友型"家长要注意两点:第一,要定位好朋友和父母的双重身份。有的父母一味侧重自己在孩子心目中的"朋友"地位,忽了自己本身也是孩子的父母,结果使孩子一步一步地挑战父母的权威,自然听不进或根本不听父母的教育。第二,不能让孩子对其所有的事情拍板做决定。有些父母陷入误区,认为做"朋友型"家长就一定要无条件地尊重孩子,甚至在一些人生重大选择时也会让孩子自己来做出选择。但孩子终究是孩子,他们没有成年人在社会上的阅历,他们根本不知道做这个决定会带来怎样的后果,只是依靠自己的第一直觉来做出决定。这个时候父母一定要当机立断,及时引导孩子做出正确的选择和决定。

66. 教育孩子，成长比成功更重要

> 在孩子成长阶段，成长比成功更重要。只要孩子的生命健康成长，就一定有他美好的未来。

[诠释]

成长是什么？是价值底线。成功是什么？是锦上添花。成长和成功的区别有三：成功强调的是结果，是目标达成，而成长强调的是过程；成功是一种外在的社会考量，成长是一种内在的生命指标；成功有时候需要很多的外在机遇，是片段性的，但成长是终生的，是一种心态和一种状态。

成功，或许是评判人的一个标准，但只是成长中的标准之一。成长和成功相比，父母更要重视孩子的成长。一个人的生命要成长，一个社会的发展要成长。从一个人到一个国家，成长是最健康的力量，也是最恒久的力量，它不依附于外在，而是内心的一种感受。在孩子成长阶段，成长比成功更重要。培养孩子拥有完整的知识结构、健全的人格养成、科学的思维方式，会让孩子获得全面的成长。一个人的生命只要健康成长，就一定有他美好的未来。

67. 并不是只有考第一才会更幸福

> 人活着总是在追求幸福。真正的幸福，应该是人生有意义再加上长久的快乐。

[诠释]

人活着总是在追求幸福，那么真正的幸福从何而来？接受最好的教育就是幸福吗？考第一名就是幸福吗？这些都不是真正的答案。世界上的"第一"是没有穷尽的，真正的幸福应该是人生有意义再加上长久的快乐。因为快乐是一种停在表层、比较短暂的人生体验，快乐不等同于幸福，不等同于人生有意义。

怎样让孩子体验到幸福？一定要让孩子打破世俗的标准，在小的时候就有感知幸福的能力，让孩子明白并不是只有考第一才会更幸福，并不是只有最优秀的人才会更幸福，并不是只有比别人过得好才会更幸福，并不是不出类拔萃就没有

资格享受幸福。

68. 不要对孩子"过度教养"

> 父母要适当"远离孩子"，即在恰当的时候，放下双手，停下脚步，让孩子慢慢往前走。

[诠释]

美国临床心理学家戴安娜·鲍姆林德提出了衡量家庭教养方式的两个指标："回应"与"要求"。理想的教养模式是父母在"回应"和"要求"两个方面的程度都比较高，即父母一方面能够在较大程度上对孩子的需求进行回应；另一方面，又要求孩子拥有责任心与独立的人格。

"过度教养"的父母往往都表现出过高的回应程度。回应程度高的父母，会把孩子当成生活的中心，认为孩子的需求至高无上。他们用一种近乎令人窒息的手段，将孩子的人生加以控制或绑架，并按照自己的意愿强行改造。对孩子过度教养，会使孩子应对压力、失败的能力比较低，甚至在需要独立面对一些需要承担责任的情境时感到不知所措。

因此，父母应该避免对孩子过度教养与保护。每个人都需要一个足够的心理空间，父母要尊重孩子，给孩子空间，适当"远离孩子"，要有"孩子是孩子，自己是自己"的边界意识。给孩子空间不是放任孩子，而是让父母学会在"严"与"慈"之间找到平衡。父母最需要做到的是：在恰当的时候，放下双手，停下脚步，让孩子慢慢往前走。

69. 金钱铺不就成功的路

> 父母盲目砸钱，以为是在给孩子铺就前行的路，但其实是在给孩子挖掘成长路上的坑。

[诠释]

很多父母认为当今是一个拼钱财、拼权力、拼资源的时代，于是不断地将自己所拥有的最好的东西全部给孩子，以为这样就大功告成了。其实不然，教育的本质从来不应该是制造一个父母想象中的完美孩子，而是要帮助孩子实现自我塑造的过程。没有自我的人生，只是傀儡，再多的金钱也会被挥霍，再大的权力也终会被滥用，再丰富的资源也会被白白浪费。

父母盲目砸钱，以为是在给孩子铺就前行的路，但其实是在给孩子挖掘成长路上的坑。这些坑里面，装着儿女对自由的渴望，装着他们或多或少对被设置人生的不满，装着生活随时会被推翻的风险。

70. 让孩子成为最好的自己

父母要尊重孩子成长的规律与节奏，尊重孩子生命个体的独特性与唯一性，帮助孩子成为最好的自己。

[诠释]

今天的孩子，无疑是幸福的，生活条件、学习条件都较以往更为优越。但今天的孩子，无疑也是辛苦的。随着竞争压力增大，为了让孩子不输在起跑线上，不少家长想方设法用各种兴趣班、补习班将孩子的业余时间填得满满的。

家长的攀比，成了孩子辛苦奔波的理由；父母的期待，成了推动孩子疾行的动力。久而久之，一些父母突然发现，已经忘记了尊重孩子成长的规律与节奏，让孩子变得不像个孩子，让童年变得不像童年；已经忘记了尊重孩子生命个体的独特性与唯一性，忘记了教育的初衷不是为了满足大人的成就感，而应帮助孩子成为最好的自己；牵着孩子走得太急、太远，竟然忘记了当初为什么出发。

孩子是有生命的个体，有其自身成长的规律，在每个阶段都会呈现不同的特点。因此，揠苗助长使不得，填鸭式教育抑或大水漫灌式教育也使不得。唯有以自由为土壤，以尊重和爱为阳光，才能让孩子健康生长。只有遵循儿童内在的发展规律，才能在潜移默化与润物无声中，让他心灵更丰满、人格更完善、个性更彰显。

让孩子放慢脚步，永葆最纯真的心灵，父母和孩子才能共同体味生命与成长的美好。

71. 最好的教育：家长不护短，老师不姑息

> 最好的教育：家长不护短，老师不姑息。家长不护短，教育才有力量；老师不姑息，学生才有未来。

[诠释]

在教育路上，最心疼孩子又最希望孩子好的，有父母，也有老师。父母与老师是孩子成长路上的守护人，更是不可或缺的教育者。

家长不护短，教育才有力量。在教育孩子的过程中，最不该护短的是家长，最不该娇惯的是孩子。有句话说得好：校园之外没有温室，长大之后没有儿戏。现在不管，外面的世界早晚会狠狠惩罚那些无法无天的孩子。教育孩子要趁早，必须严管，不能以爱的名义一味对孩子让步。

老师不姑息，学生才有未来。没有人愿意当一个坏人，但在教育学生的过程中，老师愿意做让学生成才的"坏人"。教育的目的是养成好习惯，根除坏习惯。学生如同树苗，若不及时修枝剪杈，极易长成"歪脖子树"。完全没有惩戒的教育，不是真正的教育。

家校和谐了，学生才能受益。老师不怕为孩子辛苦付出，就怕家长的不理解与不支持。只有负责任的老师，才会管学生。但再优秀的老师，也无法完全替代家长；再负责的老师，也离不开家长的配合。老师和家长就像两支船桨，只有同时朝着一个方向努力，才能让孩子向着我们期望的方向驶去，顺利到达成功的彼岸。所以，家长与老师都应谨记：不发泄情绪，温和地沟通；不推卸责任，重在解决问题；不争论对错，一切以有益于孩子为优先。只有家校和谐了，教育才能更顺利地进行，学生才能真正受益。

72. 善待老师，就是善待孩子的未来

> 家长和老师从来都不是矛盾的对立面，而应是孩子教育战线上的同盟军。善待孩子的老师，就是善待孩子的成长；善待孩子的老师，就是善待孩子的未来。

[诠释]

　　老师是这个世界上唯一与你的孩子没有血缘关系，却因你的孩子进步而高兴、因退步而着急的人。家长朋友，善待孩子的老师，就是善待孩子的成长；善待孩子的老师，就是善待孩子的未来。

　　首先，请不要在孩子面前说老师的坏话，要多为老师在孩子心目中的印象加分。假如家长与老师的教育理念不一致，对老师有意见，最好不要在孩子面前抱怨，否则会把这种消极情绪传染给孩子。即使家长对老师有什么不满，也不要在孩子面前流露，可以私下跟老师沟通。因为你的抱怨除对孩子产生消极影响外，没有任何好处。

　　其次，孩子如果在学校受了委屈或者不公正的待遇，家长要给予包容和支持。在了解事情经过后，如果觉得老师的做法不合理，应及时与老师沟通，恰如其分地向老师表达自己的看法。最好的沟通方式就是用和善的语气、坚定的态度，及时跟老师沟通。这样，既可了解孩子的情况，又可解决孩子学习中存在的问题。尤其是你认为老师的做法有不当之处时，及时沟通解决，才是一个负责任家长的做法。

　　总之，家长和老师从来都不是矛盾的对立面，而应是孩子教育战线上的同盟军。家长和老师只有心往一处想，劲儿往一处使，才能共同促进孩子的健康成长。

教子修德篇

　　教子修德就是教育孩子提高思想品德和道德修养。它包括培养孩子的思想品德和提高孩子的道德修养等。本篇的教子修德内容主要有：

　　家庭教育的第一要义是教子做人，家庭教育的灵魂是人品教育，要把立德树人的根扎在家庭。家教与门风，决定孩子的一生。善良是一个家庭最宝贵的家风。要重视家庭的游戏教育、生活教育、品格教育和逆商教育。

　　教育好自己的孩子，是家长最重要的事业。再好的名校，也比不上父母的言传身教。包容父母，是对孩子最好的教育。要培养孩子健全的人格和"贵族"品质，要培养孩子的责任心。

　　有远见的父母，即使再爱孩子，也要舍得让孩子承受独立的苦、读书的苦、成长的苦和生活的苦。"爱孩子"和"立规矩"并不矛盾，别养穷人家的"富二代"，别把孩子养成了懒汉，别把负能量传给孩子。

　　给孩子自由成长的空间，给孩子做出表率，这是父母给予孩子最好的礼物。父母要"逼"孩子养成好习惯，教育孩子惜时、自强、自律、多实践、多读书。

73. 家庭教育的第一要义是教子做人

> 做人教育，是家庭教育的宗旨和根本之道。做人教育主要是人格教育，根基在于人性教育。

[诠释]

家庭是孩子的第一所学校，父母是孩子的第一任老师。那么，这个"第一所学校"和"第一任老师"的第一任务是什么？是品德教育，是做人教育。

做人教育，是家庭教育的宗旨和根本之道。家庭教育的第一要义就是教子做人，而做人教育主要是人格教育。人之为人，就在于他不仅是一种物质存在，更是一种精神存在。做人教育的根基在于人性教育。当前，青少年存在的问题可以概括为信仰迷失、价值观迷失、道德迷失、人性迷失。四者之中，人性迷失是根本。没有人性，何谈价值观和信仰？人性中的真善美是需要激发、唤醒和培育的。教育就是关注心灵的发育和成长，把人的本性中美好的情感激发出来，培育孩子向善的力量。

有课题研究发现，大多数家长不知道家庭教育的第一要义是什么，他们把大多数时间和精力用在指导孩子学习文化和智力开发上，忽略了孩子人格的塑造、性格的养成、思维方法的训练等最本质的东西。只关注知识的学习，是把孩子当作工具来培养。这是当前家庭教育中存在的最为突出的问题。

74. 把立德树人的根扎在家庭

> 家庭教育的核心在于立德树人。立德树人的根只有牢牢扎在家庭，通过健康的家庭教育，才能使孩子茁壮成长。

[诠释]

立德树人是教育的根本任务。立德树人的根只有牢牢扎在家庭，通过健康的家庭教育，才能使孩子茁壮成长。

父母是孩子的第一任老师和终身导师。孩子一出生，父母就承担着养育和教育的责任。教育心理学研究表明，婴儿期、儿童期是一个人心理和智力发展最迅速的时期。在 7 岁之前，一个人 60% 左右的心理和智力都基本得到发育，特别是行为方式、生活习惯、心理素质等方面已初具雏形，所以民间有"三岁看大，七岁看老"的说法。父母对子女的影响是全方位的，主要表现有三：一是父母对孩子的公民意识形成和道德行为养成起着教导作用；二是父母对孩子的成长有道德示范作用；三是父母是孩子人格健全发展的奠基者、健康情绪的传播者、科学思维方式形成的指导者。

健康的家庭教育，是学校德育的增效剂，是学校德育的有益补充。学校德育重在教化，家庭德育重在教养。学校德育的思想理念需要在家庭生活中不断接受感悟式、体验式的实践。有了家长的示范、指导和矫正，孩子就能更好地养成好的品德、情操和作风。同时，健康的家庭教育也是孩子德智体美劳全面发展的关键。如果家长的注意力和兴奋点都集中在孩子的学习成绩上，而对其思想品德的变化反应迟钝、不闻不问，甚至纵容孩子思想品德方面的不良行为，就会错过矫正的良好时机。如果家长始终把孩子的品德教育放在首位，通过良好的道德素养，就能激发其内在的精神动力，促进孩子素质全面发展。

75. 家庭教育的灵魂是人品教育

> 人品教育，是家庭教育的头等大事。人品的树立直接来自父母榜样的力量。

[诠释]

何谓人品？字典上解释为人的品质。人品包括厚道、善良、守信、宽容、诚实、谦虚、正直、执着等。世间技巧无穷，唯有德者可以其力；世间变幻莫测，唯有人品可立一生。人的能力决定了人走得有多快，而人品则决定了人走得有多顺。做事先做人，这是自古不变的道理。如何做人，不仅体现了一个人的智慧，也体现了一个人的修养。一个人不管多聪明、多能干，背景条件有多好，如果不懂得做人，那么他的结局通常都不大好。

人品教育，是家庭教育的头等大事。父母教孩子教的是人品和道德。孩子的人品和道德是孩子一辈子成长的关键。有的孩子没有出息，问题一定出在家庭教育上。孩子长大后出问题，大多是家庭教育出了问题。孩子的成功与否与父母对孩子的家庭教育是否正确息息相关。人品的树立来自榜样的力量，父母作为孩子的榜样是不能逃避的。家庭是复印机，孩子是复印件，父母则是真正的原件。

76. 家教与门风决定孩子的一生

家教与门风，是最大的家庭资产。教给孩子好的品德，传承好的家风，才是一个家庭的传家之宝。

[诠释]

育人先正己，父母的言行永远是孩子的榜样。只有好的家教与门风，才能给孩子良好的成长环境，才能让孩子有所为，走入社会才能有大作为。

常言道："养不教，父之过。"如果我们的孩子不成器，天天惹是生非，表现得很没有教养，别人在指责的时候绝对不会说是老师没有教育好，也不会说小伙伴把他带坏了，只会说："这孩子家教不好。"

有人说，家教与门风是最大的家庭资产。好的家教与门风，就是潜力股，会让孩子在未来的社会上畅意人生。树立好的家教与门风，就是一个家庭最丰厚的财富，是子孙后代取之不尽、用之不竭的源泉。纵观古今中外，家教与门风给予孩子的影响是不可估量的。

古语说得好：儿孙若有用，留钱干什么？儿孙若没用，留钱干什么？比起钱财，教给孩子好的品德，培养有用的能力，传承好的家风，才是一个家庭的传家之宝。

77. 善良是最宝贵的家风

善良对一个家庭来说，是一盏长明灯，而这盏长明灯将照亮孩子前行的路，并为其终身指引方向。

[诠释]

家风是一个家庭最宝贵的不动产。它虽不像金钱有形，却有极高的使用价值。而善良，则是家庭最宝贵的家风。善良的家风是家之幸、国之幸、社会之幸。

如果一个人一生能够做到心地纯洁，纯真温厚，和善而不怀恶意，以一颗善良之心为人处世，那么，这必定与其良好的家庭生长环境和善良的家风有着密切的关系。

《周易》有云："积善之家，必有余庆。"雨果曾说过："极端公正和善良的心是不属于庸俗的人的。良心的觉醒就是灵魂的伟大。"善良对一个家庭来说，是一盏长明灯，这盏长明灯将照亮孩子前行的路，并为其终身指引方向。对于孩子来说，拥有善良，传承善良，就是传递爱心和温暖，就是传递社会的正能量。

78. 这四种家庭教育不能少

> 游戏教育——顺应孩子天性；
> 生活教育——鼓励孩子付出；
> 品格教育——培养孩子意志；
> 逆商教育——重拾孩子信心。

[诠释]

①游戏教育——顺应孩子天性。聪明的父母不会让孩子变成一个只会读书的书呆子。孩子有自己的天性，在他的童年时期，最需要的不是伏案学习，而是快乐感受外界。有时候，玩耍也能学到知识，何乐而不为？

②生活教育——鼓励孩子付出。父母要敢于"使用"孩子，不要把孩子捧在手心里呵护。父母可以偶尔对孩子示弱，请孩子帮忙做家务、买东西……并称赞孩子的表现，慢慢地，孩子就会意识到自己在家庭当中的重要性，同时也能培养孩子乐于助人的好品性。

③品格教育——培养孩子意志。在孩子成长阶段，父母要带孩子多参加一些有挑战性的活动。如可以带孩子在游乐园里大胆尝试征服庞大的玩具，勇敢地攀爬高耸的山峰，参加足球、篮球等对抗性的运动……这些都能很好地培养孩子坚强而勇敢的品格。

④逆商教育——重拾孩子信心。"逆商"就是人们面对挫折、摆脱困境和克服困难的能力。当孩子遇到失败和挫折时，要想让孩子尽快摆脱消极和沮丧的负

面情绪，最有效、最彻底的方法就是培养孩子的正向思维，让孩子学会在失败和挫折中肯定自己。做父母的不要吝啬对孩子肯定的评价，把挫折捡拾起来，堆成孩子成长路上的垫脚石，孩子会慢慢规避错误，成就美好的未来。

79. 包容父母，是对孩子最好的教育

> 父母对于自己的言行举止一定要慎之又慎，特别是在对待家中老人的问题上，不仅会影响到孩子日后对待父母的态度，更会影响到孩子的品行。

[诠释]

孩子有没有家教，全看父母。俗话说，父母是孩子最好的老师。从心理学上讲，孩子的成长是从模仿开始的。孩子模仿最多、最深的人是谁？当然是自己的父母，因为父母是孩子接触最多、最亲近的人。孩子在童年时期的经历，将深深地影响其一生。所以，父母对于自己的言行举止一定要慎之又慎，特别是在对待家中老人的问题上，不仅会影响到孩子日后对待父母的态度，更会影响到孩子的品行。

《增广贤文》云："孝顺还生孝顺子，忤逆还生忤逆儿。"很多对父母态度不怎么好、不够包容的人，也可能是一种无心而为，但其无心正好暴露出自己的不良修养，对父母的伤害也是真真切切的。所以无心不能作为开脱自己的借口，也不能作为安慰自己的理由。

我们在日常生活中不包容体谅自己的父母，孩子熏染到的就是一种冷漠和自私，而这样的人从来都是难以为人所容的。反之，能够体谅包容自己父母的人，则让孩子在耳濡目染之中熏陶出一种对他人、对世间温暖的爱意、融融的善意和宽容的胸怀。

80. "七岁看老"

> 7岁之前的教育，是奠定孩子人生观的重要时期。父母对孩子的教育，是要从0岁开始的。

[诠释]

　　教育孩子是从 0 岁开始的。0 ~ 7 岁，是人生中重要的时期。俗话说："七岁看老。"这句话告诫我们，7 岁之前的教育，是奠定孩子人生观的最重要时期。人在刚刚出生的时候，都是能够成为好人的。而随着其生命历程的发展，小孩子接触到不同的环境，接受了不同的教育，逐渐变成了不同的人。0 ~ 7 岁，孩子接受的教育，形成的思维方式，养成的行为习惯，是他以后认知世界、形成良好行为习惯的基础。

　　唯物辩证法认为，内因是变化的根据，外因是变化的条件，外因通过内因而起作用。小孩子一生下来，就具备了一个人的大脑，这是他能够学会人的思维的内因。然而，如果没有教育，小孩子是不可能自己产生思想的。7 岁的小孩子对世界已经有了自己的判断，有了自己的体验，但最重要的是有了父母灌输给他的观念。父母的素质，几乎可以说对孩子的成长起着决定性的作用。一般来说，父母素质高，孩子素质也高；父母素质低，孩子素质也低。

　　为人父母者，如果你真的爱孩子，那就首先教会他做人吧，不要总以为"树大自然直"。如果在 7 岁之前，他撒泼耍赖，而你又放任他的话，有一天，他会无法无天的。而那时，你已经束手无策，无法改变他了。"父母之爱子，则为之计深远。"这个"计"，是要从 0 岁开始的。

81. 再好的名校，也比不上父母的言传身教

　　想要孩子成为有什么素养的人，父母首先就得成为有什么素养的人。再好的名校，也比不上父母的言传身教。

[诠释]

　　父母都希望把孩子送到最好的学校，接受最好的教育，却往往忽略了父母才是孩子最好的老师。对孩子来说，最好的教育就是父母的言传身教。

　　镜头一：地铁车厢内，孩子不小心把爆米花撒在地上。父母跟孩子一起一粒一粒捡起。或许这些举动微不足道，但正是这些细微之处，最有力量。

　　镜头二：在一个路口，一名妇女牵着小女孩过马路。见到有车辆驶来，两人下意识地停步打算退回，但车辆在斑马线前停下让行。母女俩过了马路，女孩在

妈妈的提示下，向让行车辆鞠躬致谢，还向司机挥了挥手。好的教育，源于生活中的点点滴滴。

镜头三：暴雨天，一位父亲带着孩子，发现路中央的井盖塌陷了。父亲报警后站在水中井盖旁，引导过往车辆避让。虎父无犬子，这也许是孩子人生中最好的一课。

镜头四：一个孩子在书店"顺走"了几本漫画书，父母发现之后写下道歉信，并准备好书款，一大早从门缝里塞进书店。孩子总有犯错的时候，关键看父母如何处置。

镜头五：早高峰，坐在自驾车后座的孩子将酸奶盒随手扔出窗外。父亲随即安全停车，将酸奶盒捡起，放回了车内，并对孩子的行为进行了教育。没有天生的熊孩子，只有错误的教育方式和缺位的父母。

很多时候，父母的一举一动、一言一行，都会潜移默化地印在孩子的脑海里，影响到孩子未来路上的关键选择，甚至影响到孩子的命运。想要孩子成为有什么素养的人，父母首先就得成为有什么素养的人。再好的名校，也比不上父母对孩子的言传身教。

82. 做个"三心"父母

> 平常心——抛开"神童"情结；
> 狠心——让孩子经历磨难；
> 精心——树立良好的榜样。

[诠释]

①平常心——抛开"神童"情结。许多父母带有严重的"神童"情结，非常重视孩子的分数，却忽略了对孩子健康人格的构建。其实，培养孩子成人比成才更重要。一个人是否能成才和成功，智力因素往往仅占20%，而人格因素占比高达80%。

②狠心——让孩子经历磨难。很多父母总是千方百计为孩子遮风挡雨，以为这是对孩子最大的关心和爱护。殊不知，失败和挫折是人生的学校，它能折磨人，更能考验人、教育人、锻炼人，使人学到许多终身有益的东西。所以对孩子的过

度保护，只会造成孩子心理承受能力差，从而丧失独立生活的能力，将来无法在社会上立足。

③精心——树立良好的榜样。家庭是孩子性格着色的第一个染缸，父母就是孩子行为塑造的第一任老师，孩子通过观察和模仿父母的一言一行学会生活。有时父母不经意的行为，往往会引起意想不到的效果。所以，为人父母言传身教尤为重要。在现实生活中，有些父母自己挥霍浪费，却要求孩子勤俭节约；自己看不起读书人，却要求孩子学有所成，其教育的结果往往事与愿违。所以，为了孩子灿烂的明天，父母要时刻注意自己的言行举止。

83. 教育好自己的孩子，是家长最重要的事业

家长最重要的事业，是培养孩子良好的品行和习惯，培养孩子读书的兴趣，培养孩子坚强的意志，让孩子有更多的幸福感。

[诠释]

家长是孩子的第一任老师，也是孩子永远的榜样。教育好自己的孩子，是家长最重要的事业。

①优良的品行，来自父母。老师不能保证孩子优良的品行。一个人无论成绩好坏，品行是关键。道德可以弥补能力的缺陷，而能力却难以掩盖道德的缺陷。孩子的品行，很大程度上与家教有关。老师只是传道授业解惑者，家长却是孩子一生的影响者。父母的言传身教永远大于老师的课堂教育。因此，想要让孩子有优良的品行，家庭教育才是最关键的。

②良好的习惯，来自父母。老师给不了孩子良好的习惯。麻将桌旁、电视机前长大的孩子，肯定和爱看书的家长教育出来的孩子差别很大。积极进取、有良好生活习惯的父母，养育出来的孩子大多都是热爱学习、能够合理安排自己时间的小大人儿。

③读书的兴趣，来自父母。老师给不了孩子读书的兴趣。孩子读书的兴趣是从小培养的，两三岁的孩子就该开始读书了，而不是等到上学之后。你家里的书多，孩子就读得多。父母起到爱读书的表率作用，孩子就会效仿。

④坚强的意志，来自父母。老师不能帮家长培养孩子坚强的意志。老师更多

地教给孩子的是课本知识，良好的生活习惯、做人的道理、坚强的意志，老师没有办法帮家长去培养，只能由家长在日常生活中培养。如果家长忽略了，那孩子也许成绩很好，但是意志薄弱，经不起半点儿挫折。

⑤幸福的感受，来自父母。老师给不了孩子长久的幸福感。夫妻恩爱、家庭和睦，在充满爱的环境里长大的孩子，注定要比在家庭不健全或者整日吵闹的家庭里成长的孩子心理阳光很多。一个好的老师，或许能够影响孩子三年五载，但是家长对孩子的影响却是长久的。

84. 培养孩子健全的人格

决定孩子一生的不是学习成绩，而是健全的人格。家庭教育最重要的任务是修建孩子的人格长城。

[诠释]

很多父母认为，家庭教育就是开发孩子的智力，也就是让孩子从两三岁开始背唐诗，四五岁学英语，上学后请家教、上辅导班，成绩一定要名列前茅，将来一定要上名牌大学。似乎只有这样，父母的教育才算成功。实践证明，这是对家庭教育的最大误解，家庭教育最重要的任务应该是修建孩子的人格长城。

当今，最该转变的是父母的教育观念。只有父母的教育观念发生了转变，我们的孩子才能接受良好的家庭教育，才能终身受益。蔡元培先生给父母的八个关键教育指导为：一是让孩子树立乐观向上的心态；二是让孩子学会感恩，懂得宽容；三是培养孩子直面挫败的勇气；四是教会孩子自我保护；五是让孩子敢于梦想；六是培养孩子良好的沟通技巧；七是教会孩子合理使用钱财；八是帮助孩子正确认识自我。

85. 培养孩子的"贵族"品质

作为家长，要重视培养孩子具有尊重之情、礼仪之行、坚韧之心、聪慧之智的高贵品格和崇高精神。

[诠释]

笔者在这里定义的"贵族",不是指那些拥有巨额财富、位居显赫地位的人,而是那些具有尊重之情、礼仪之行、坚韧之心、聪慧之智的高贵品格和崇高精神的人。家长们要重视培养孩子"贵族"品质的四个因子。

①尊重。学会尊重,是当代孩子应该培养起来的第一品质。尊重什么?一要尊重父母,二要尊重老师和同学,三要尊重邻里亲朋,四要尊重接触到的所有人,进而延伸到尊重环境、尊重秩序、尊重法则。如果孩子不懂得尊重,即使再聪明,也是一个令人"讨厌"的人。

②礼仪。和父母相处,有和父母相处的礼仪;和小朋友相处,有和小朋友相处的礼仪。学习有学习的礼仪,吃饭有吃饭的礼仪,站立有站立的礼仪,走路有走路的礼仪。人生无处不礼仪,人生处处讲礼仪。彬彬有礼,行为规范,是孩子懂礼仪的基本要求,也是孩子具有贵族品质的基本特征。

③坚韧。坚韧是指孩子做一件事,一定要有一股韧劲儿,有一种不达目的誓不罢休的劲头儿,有一种锲而不舍、百折不挠的精神。有的孩子想学的东西很多,但或是三天打鱼两天晒网,或是半途而废。孩子放弃的看似是一种学习,实质上是一种坚韧的品质和精神。

④聪慧。聪慧包括的范围很广,包括知识面广、能力出众、性格阳光、反应机敏等。一个知识面广的孩子,总是给人带来惊喜;一个能力出众的孩子,总是给人带来力量;一个性格阳光的孩子,总是给人带来愉悦;一个反应机敏的孩子,总是赢得人们的赞美。

86. 教孩子"三吃"

吃饭——身体健康没有病苦;
吃苦——心理健康没有烦恼;
吃亏——心灵健康终身幸福。

[诠释]

父母要教会孩子从小做三件事:第一是吃饭,第二是吃苦,第三是吃亏。这样的孩子长大了,身体健康没有病苦,心理健康没有烦恼,心灵健康终身幸福。

①教会孩子吃饭。父母要教育孩子对大自然有感恩之心、敬畏之心，对吃的、用的所有东西都要珍惜，要恭敬，不要浪费。

②教会孩子吃苦。父母不愿意让孩子吃苦，这是完全可以理解的。但是我们今天不让孩子吃苦，明天社会就会让孩子受苦。如果从小就没让孩子学会吃苦，什么活都不让干，这样做不是心疼孩子，是亲手剥夺了他体验生活的权利。

③教会孩子吃亏。俗话说："吃亏是福。"这是对吃亏和忍让的最好评价。教孩子学会吃亏，是父母从心灵上培养孩子的豁达，是有智慧的父母才愿做的事情。

87. 再爱孩子，也要他承受"四种苦"

有远见的父母，即使再爱孩子，也舍得让孩子承受独立的苦、读书的苦、成长的苦、生活的苦。

[诠释]

世上没有白吃的苦，今天吃的苦，都是为了明天的甜。有远见的父母，即使再爱孩子，也舍得让孩子承受以下四种苦：

①独立的苦。有的父母爱子心切，事事替孩子做，处处替孩子想，但父母能养孩子一辈子吗？如果不能，不如放手，教会孩子独立，让他有能力、有勇气独自面对这个世界。

②读书的苦。一个人小时候总觉得读书是这个世界上最苦的事情，但走过那个年龄段才意识到，读书是世上最好走的路。孩子无知，但父母是过来人。在孩子想偷懒的时候，逼他一把；在他想放弃的时候，鼓励他一下。总有一天，孩子会感谢今天为读书吃的苦。

③成长的苦。从本质上讲，每个人都是相似的，对于困难或者需要吃苦的事情，都会本能地抗拒和逃避，小孩子也不例外。孩子在成长的过程中遇到困难和挫折时，父母不要越俎代庖，要鼓励孩子勇敢面对困难和挫折。在成功的路上，没有任何捷径和技巧，能够到达终点的秘诀就是永不放弃。为成长吃的苦，终会蜕变成蝶。

④生活的苦。如今的小孩，最缺乏的"食物"不是营养品，而是苦头。吃过

苦的孩子，懂得生活的不容易，明白一餐一饭皆来之不易；吃过苦的孩子，更珍惜当下的生活，懂得感恩，更能体谅父母的不易，也更加坚韧；吃过苦的孩子，遇到困难时，也要比同龄人更加坚强。

88. 关注孩子太多，容易毁掉孩子

父母溺爱太多、期望太高、唠叨太多、干预太多，容易毁掉孩子的未来。

[诠释]

①不要溺爱太多。父母溺爱孩子的表现有：一是以孩子为中心，二是给孩子特殊待遇，三是过分满足孩子，四是包办代替，五是当面袒护孩子。文学家高尔基说："溺爱是误入孩子口中的毒药。"教育家马卡连柯说："一切都给孩子，牺牲一切，甚至牺牲自己的幸福，这是父母给孩子的最可怕的礼物。"

②不要期望太高。对孩子适度的期望是父母应该做的，但是过高的期望对孩子的成长只会产生负面作用。孩子如果被父母过度期望，就会变成父母期望的奴隶。

③不要唠叨太多。在心理学上有个名词叫"超限效应"，是指刺激过多、过强或作用时间过久，从而引起心理极不耐烦或逆反的心理现象。也就是说，父母越对孩子唠叨，说的话就越没意义。最终的结果就是父母越唠叨，孩子越不听话。

④不要干预太多。作家余秋雨说："人生的路，要靠自己一步步去走，真正能保护你的和真正能伤害你的，都是自己的选择。"孩子的童年只有一次，每一刻都尤显珍贵。爱孩子，就应该给予孩子一定的自由成长空间。但在很多家庭中，父母很大的一个错误就是对孩子干预太多。父母对孩子童年过多干预，其结果会变成"一团糟式抚养孩子"，使孩子所有的空闲时间都被作业、考试、辅导班占满。孩子得不到自由玩乐的时间，受到的伤害是不可低估的。

89. 爱孩子和立规矩并不矛盾

爱孩子，是父母的本能；立规矩，是父母的责任。做到爱孩子与立规矩的统一，才能成就孩子的未来。

[诠释]

爱孩子，是父母的本能；立规矩，是父母的责任。爱孩子和立规矩本来就是对立统一的。过度爱孩子的家庭造成孩子没规矩，过度立规矩的家庭则让孩子谨小慎微，循规蹈矩。可见，做到爱孩子与立规矩的统一，才能成就孩子的未来。

父母怎样做到爱孩子与立规矩的统一？第一，要坚持三个原则：一是不能娇惯孩子，二是有些事必须让孩子自己去做，三是有些责任必须让孩子自己承担。第二，要立下四条规矩：一是粗野、粗俗的行为不能有，二是别人的东西不可以随便拿，三是不可以随意打扰别人，四是做错事一定要道歉。

90. 别养穷人家的"富二代"

今天的父母总想着把最好的条件给孩子，这其实是在害孩子。在孩子成长的过程中，物质越充裕，精神越疲敝。

[诠释]

"富二代"，在人们传统印象中，是与好吃懒做、挥金如土、不求上进、行为乖张画等号的。但随着中国经济的发展，尤其城市新中产人群的崛起，言正行端、吃苦耐劳的"富二代"越来越多。相反，越来越多穷人家的孩子却沾上了以前"富二代"的毛病。

出现这一现象最大的原因是父母的补偿心理，越是家境不好，就越觉得不能亏了孩子。宁肯穷了全家，也不能穷了孩子，是这些家长的教育信念。在这种环境下长大的孩子，习惯了伸手讨要，缺乏感恩之心，今天花明天的钱，消费远远超出家庭的承受能力。这会直接导致孩子的责任感差、社交能力差。

贫富差异，本质上是教育的差异。当富足家庭已经转变教育方向，开始培养能够更好适应当今社会的复合型人才时，一些普遍家庭却开始走上教育的弯路：

无限度地宠溺孩子，只求成绩，不求其他。结果，富人家的"穷二代"越来越富，而穷人家的"富二代"越来越穷。

教育的差异，会让贫富差异定格，甚至加剧。而这种差异，不是孩子上什么学校就能改变的，而是父母能否以平常心面对自己的处境，在反思与成长中不断摸索教育孩子的有效方法。

91. 别把孩子养成懒汉

> 孩子确实弱小，但并不是弱者。孩子有能力做到的，父母就应该放手让孩子去做。

[诠释]

孩子在小的时候，都很弱小，没有能力，对生活充满迷茫和无知，需要父母的帮助。作为父母，不能毫无条件地直接给予、呵护、帮助，也不能什么事情都替孩子操办好。否则，会把孩子养成懒汉的。

孩子确实弱小，但并不是弱者。他们有能力做到的，父母就应该放手让他们去做，给他们机会，让他们学会独立，懂得担当，一点点成长。如果父母真把孩子当成懒汉养，在父母日复一日的"给予"中，孩子很可能会失去自我，失去生活的能力，成为真正的懒汉。如果父母不想让孩子成为懒汉，那么现在就不要把孩子当懒汉养。

92. 别把负能量传给孩子

> 父母无论多累多烦多难，都别把负能量传给孩子。为了孩子的健康成长，请给孩子多传递正能量吧。

[诠释]

如果孩子在学校学习劳累了一天回到家听到的是唠唠叨叨、怨天怨地的牢骚和责怪，以及命令式的"快点去做作业"，那么，这样的家是孩子每天放学后就立即想要回去的地方吗？这样的父母还是孩子最依赖的亲人吗？

以传递负能量的形式来教育自己的孩子，在中国家庭里并不少见。用这样的方式教育孩子的大多数父母出发点都是善意的。殊不知再"善意"的提醒，一旦披上了负能量的外衣，都将成为伤人的利器。在日常生活中，孩子被父母的负能量淹没的例子还不仅限于此。有的父母，甚至经常将孩子当成情绪宣泄的垃圾桶，这种父母身上传递的负能量，正在彻彻底底地毁掉自己的下一代。

诚然，我们许多父母工作一天确实很劳累。但我们的劳累除了自我谋生，更多的是想给孩子创造一个舒适的成长环境。如果父母的劳累成为刺向孩子的利剑，那么这样的劳累还有什么意义？这样的父母还是孩子的亲人吗？

情绪稳定，是父母的必修课。一个情绪稳定、不一味抱怨的父母，对孩子来说是莫大的财富。每个人都是从孩子长成的大人，孩子个性的形成，其实就在父母的耳濡目染之间。如果父母是乐观的人，孩子遇事也会积极应对；如果父母是悲观的人，孩子遇事的第一反应就是逃避或消极面对。

因此，父母无论多累多烦多难，都别把负能量传给孩子。为了孩子的健康成长，请给孩子多传递正能量吧。

93. 做家务有助于孩子的成长

让孩子从小做家务，不仅仅是为了减轻父母的负担，更重要的是能促进孩子的全面发展。

[诠释]

让孩子从小做家务，不仅仅是为了减轻父母的负担，更重要的是能促进孩子的全面发展。

那么，怎样让孩子从小就养成做家务的习惯？在分配孩子做家务时，父母要做到以下几点：一要在劳动中培养孩子的自豪感，对干得好的要予以表扬；二要给孩子分配一些较为有趣的劳动；三要把任务细致化，并给孩子做示范；四要在孩子做家务时予以指导和监督，但要允许孩子在细节上有相对的自由；五要向孩子解释家务必须完成的原因，要和孩子一起讨论它的重要性；六要限定孩子做家务的时间；七要向做家务的孩子道谢；八不要把做家务作为惩罚孩子的一种手段，否则就曲解了劳动的意义。

94. 给予孩子最好的"财富"

> 培养孩子的阅读兴趣，给孩子自由成长的空间，给孩子做出表率，这是每位父母都有能力送给孩子的财富，也是孩子生命中得到的最美馈赠。

[诠释]

如果父母留给孩子的只是消耗性的财富，那是不可靠的；只有给孩子留下生产性的财富，才是真正对孩子负责。当今父母送给孩子最好的财富主要有三：

①阅读。阅读可塑造孩子的智力、品质。人在智力方面可能有一些先天差异，但可塑造的智力空间还有很大。发展智力最重要的手段就是阅读，一个人的智力水平与其阅读量成正比。阅读不但可以塑造孩子的智力，还可以塑造孩子的品质。一个从阅读中经历了丰富的生活，倾听了众多的智慧，分享了无数思考成果的孩子，思想会更成熟，人生会更美好。

②自由。给孩子自由，不是对孩子放任不管，而是给孩子"三权"：选择权、尝试权、犯错权。当今有不少父母都在谈"尊重孩子"，却在"自由"的观念上出现盲区，尊重也就变成了空话。孩子首先是一个自由的人，才可能成为一个自觉的人。父母只有真正理解"自由"在教育中具有多么重要的意义，才能把"自由"这个无价之宝送给孩子。

③身教。"言教不如身教"，这句话大多父母都会挂在嘴上，但有多少人会以此为准则，真正践行身教？父母的行动比语言更有说服力，为孩子做出表率，这是最直接有效的教育。

95. 树立正确的财富观

> "穷养""富养"，归根到底是一个财富的价值观问题。不论是男孩还是女孩，最关键的是要培养其正确的价值观和财富观。

[诠释]

近年，"男孩穷养，女孩富养"的说法在不少家长中盛行。这种说法认为，只有穷养男孩，苦其心志，劳其筋骨，将来他才可担当大任；只有富养女孩，在物质上开阔其视野，在精神上丰富其思想，将来她才能见识广、有主见、一生幸福。

其实，对男孩太严苛了会让他习惯顺从权威，对男孩从小过分穷养也可能让他变得唯利是图。有些人在成年以后走上歧途，恰恰是因为他们小的时候过于贫穷，以至于"有钱高于一切"的观念从小在他思想里扎根。同样，有的家庭经济条件非常优越，把女儿娇宠到傲慢、无知的程度，殊不知，溺爱只能让女孩长大后娇纵无礼。不管父母是穷还是富，孩子将来都要自己经营人生。因此，父母要让孩子从小学会把钱财、情感、价值、精神放在一个相对合理的位置上，培养孩子树立正确的财富观。

"穷养""富养"，归根到底是一个财富的价值观问题。不论是男孩还是女孩，最关键的是要培养其正确的价值观和财富观。而纠结于穷养、富养问题，往往是父母自己过于看重金钱的结果。

96. 父母是孩子爱心的传播者

> 家庭是最重要的爱心培育基地，父母是最直接的爱心传播者。父母要让孩子懂得爱和会爱，让孩子体验爱的快乐，细心呵护孩子的爱心，做孩子爱的表率。

[诠释]

爱心是美德的基础，也是美德最直接的表现。从古至今，爱心都被认为是一个人的基本道德和社会的灵魂。孩子的爱心是通过自然而然的模仿、潜移默化的渗透而逐渐形成的，是一个从外在到内在、从量变到质变的渐进过程。在这一过程中，家庭是最重要的爱心培育基地，父母是最直接的爱心传播者。因此，孩子有没有爱心，关键在于父母的引导和培养。

①让孩子懂得爱和会爱。父母要耐心地给孩子讲解什么是爱，讲一些有关爱的故事，让孩子看有关爱的影视剧，给孩子树立爱的榜样，使孩子形象而具体地了解爱、感受爱和学会爱。

②让孩子体验爱的快乐。父母要给孩子爱的机会，体验爱的快乐。一要从家庭和身边的小事做起。让孩子孝敬父母，帮父母做家务，给父母端饭递茶。父母或其他亲友生病，让孩子去探望等。二要让孩子多参与公益事业，学会主动关心

他人。三要带孩子向鳏寡孤独和贫弱病残等弱势群体献爱心，让孩子体验和享受付出爱的快乐。

③细心呵护孩子的爱心。儿童教育专家卢勤说："孩子的爱心是稚嫩的，你在乎它，它就会长大；你忽视它，它就会枯萎；你打击它，它就会死去。"父母对于孩子富有爱心的言行，要给予肯定和赞美；对于孩子缺乏爱心的举止，要及时批评和指正。

④做好孩子爱的表率。爱心需要爱心来培养，父母富有爱心，才能培养出富有爱心的孩子。有了家庭这个摇篮的爱，孩子才会去爱父母、爱老师、爱同学、爱朋友、爱学校、爱家乡、爱祖国、爱民族、爱大自然。

97. 避免五个冲突

> 期望的冲突——过高的期望，带来孩子的无望；
> 保护的冲突——过度的保护，带来孩子的无能；
> 关爱的冲突——过分的溺爱，带来孩子的无情；
> 交往的冲突——过多的干涉，带来孩子的无奈；
> 评价的冲突——过重的指责，带来孩子的无措。

[诠释]

①期望的冲突——过高的期望，带来孩子的无望。古人云：期望越高，失望越大。在人生路上，每个人都会遇到许多不能如愿以偿的事。有的孩子学习非常努力，但成绩不一定特别理想。父母不要对孩子期望太高，不要对孩子要求太苛刻，只要孩子尽力而为即可。

②保护的冲突——过度的保护，带来孩子的无能。被过度保护的孩子，更易受到伤害。真正关心孩子的父母，应放手让孩子出去经风雨、见世面，不要把孩子紧紧"锁"在身边。

③关爱的冲突——过分的溺爱，带来孩子的无情。天下的父母都爱孩子，却未必会爱孩子。过分的关心溺爱，实际上是剥夺了孩子战胜挫折、克服困难的权利。这样的孩子心灵世界荒芜，人格品行缺失，从小只会享受不知奉献，心中只有自己没有他人。

④交往的冲突——过多的干涉，带来孩子的无奈。青春期的孩子有秘密，需要父母尊重。与其把孩子封闭起来，控制他的交往，不如打开大门，给孩子自由的空间，让孩子在人际交往中学会与人沟通。

⑤评价的冲突——过重的指责，带来孩子的无措。每一个孩子都有自己的个性，而不是做别的孩子的复制品。只要孩子今天比昨天有进步，父母就应该肯定他、鼓励他。一个孩子在成长过程中要经受不同人的评价，不管别人说什么，父母的评价永远是基石。

98. 教子智慧"十字言"

> 惜时——一生好习惯；
> 自强——无事不可立；
> 自律——律己以正心；
> 行难——实践出真知；
> 成人——腹中有诗书。

[诠释]

①惜时——一生好习惯。朱熹诗曰："少年易老学难成，一寸光阴不可轻。"他告诫学子：人生易老，学成不易。莎士比亚说："放弃时间的人，时间也会放弃他。"可见，惜时应当成为孩子从小养成的好习惯。一个人如果没有紧迫的时间观念，再好的教育条件也是枉然。

②自强——无事不可立。自强立志，将决定人生的走向以及走多远。教会孩子立志，倾听孩子的梦想，打开孩子的眼界，这是无论给他多少财富都不可替代的。一个人懂得自强向上不甘低头，才是一生前行的动力源泉。

③自律——律己以正心。从古至今，人们都把能否严于律己当作衡量一个人道德修养的标准。自律，就是严于律己，就是要在思想、品德、行为上从严要求自己。

④行难——实践出真知。陆游诗云："纸上得来终觉浅，绝知此事要躬行。"荀子说："知之不若行之。"读再多的书，也无法代替亲身实践的价值。对此，古人早有精辟的总结：知易行难。学习和教育，不仅是啃书本，更要走向生活。

一个既饱学书文又有实践经验的人，才是真正有学问的人。

⑤成人——腹中有诗书。学与不学，不仅是学问的差距，更是为人的差别。一个人的出身，并不是左右其未来的决定因素，重要的是他对待学习的态度。古语有云："腹有诗书气自华。"亚里士多德说："教育的根是苦的，但其果实是甜的。"孩子在青少年时期不吃学习的苦，将来一定要吃生活的苦，吃社会的苦，吃人生的苦。

99. "逼"孩子养成十个好习惯

> 人的一生，很多习惯都是从幼儿时期养成的。只有从小培养孩子的好习惯，才能使孩子终身受益。教育孩子，先从培养好习惯开始。

[诠释]

①自己的事，自己去做。人总要自己照顾自己，生活总要自己经历。因此，父母要培养孩子自己的事情自己做的习惯。

②凡事及早，不要及晚。许多成年人有"拖延症"，事情到了最后关头才匆匆忙忙去做，那是缺少了"及早"的习惯。培养孩子凡事及早不及晚的习惯，可以有充裕的时间应对可能的突发事件，从而养成从容的心态。

③参与家务，培养责任。让孩子做一些力所能及的家务活，有助于培养孩子的责任感。不要总觉得孩子还小，要让孩子明白他是家庭中的一员，有义务帮家里分担一些责任。

④喜欢阅读，博览群书。一定要让孩子大量阅读。不用限定孩子必须看经典名著，先从孩子的兴趣入手，只要让孩子养成阅读习惯，能够静下心来看书就可以了。一个博览群书、见多识广的孩子，潜力无穷。

⑤学会选择，懂得取舍。从小培养孩子的选择能力、舍得意识，也是培养孩子的一种思考习惯，会让孩子在今后人生面临重大选择时，有自己明确的目标。

⑥规律生活，健康成长。生活有规律是身体健康的保障之一。生活有规律的孩子长大后，做任何事都会自发地制订计划，而且比较有耐性。

⑦学会倾听，乐于助人。父母要告诉孩子耐心倾听别人说话，理解别人。让孩子学会尊重别人的意见，懂得帮助别人。懂得倾听别人、乐于助人的孩子，长

大后在人际交往方面，会有超高的人气，会拥有更多的人脉。

⑧错不过三，有错必改。错不过三，是指同样的错误不能犯第三次。孩子犯错不要紧，但是重复犯错不能原谅。要求孩子有错必改的关键是培养孩子自省的习惯，教育孩子要经常反省自己的言行。

⑨敢于尝试，勇于怀疑。世上没有十拿九稳的成功之路，要想成功就得有敢于尝试的勇气。在不确定的环境里，冒险精神是最罕见的资源。鼓励孩子尝试，鼓励孩子怀疑，有利于培养孩子勇敢自信、敢于担当、独立思考的精神。

⑩控制情绪，不发脾气。不要以为孩子小，想哭就哭，想闹就闹，想发脾气就发脾气，其实控制自己的情绪是一生的事。孩子的情绪要有宣泄的空间，但也要养成调节控制的习惯。

教子学习篇

　　教子学习是家长最为关注的教育孩子的重要内容。它包括制定孩子的学习目标、指导孩子的学习方法和培养孩子的学习习惯等。本篇的教子学习内容主要有：

　　父母才是永不退休的班主任。让孩子知道，努力学习是一种责任。告诉孩子，别抱怨读书苦，那是通往未来的路。假如孩子吃不了学习的苦，就让他先尝一尝生活的苦。孩子不想学就不学，那还要父母做什么？

　　学习目标是孩子学习的航标灯，父母要给孩子一个踮脚能够得到的目标。要培养孩子主动学习的能力，指导孩子利用好学习时间，促进孩子的内力觉醒和个性发展。保持好心态、学习有规划、增强自觉性，是孩子取得好成绩的法宝。

　　孩子在"阅读饥饿期"，最重要的不是成绩而是阅读，让阅读成为陪伴孩子一生的好习惯。家庭教育，重在养而不在教。要指导孩子利用好错题本，目标只追前一名。让孩子身上的自控力和主动性"两颗种子"和谐发展。父母要培养孩子具有浓厚的学习兴趣、良好的学习习惯、有效的学习方法和敏锐的信息素养，提高孩子热爱读书、善于自学、超强记忆、文理兼修和开启悟性五大素质。

100. 让孩子知道，努力学习是一种责任

> 父母要让孩子知道，努力学习是一种责任。孩子在上学阶段，主要任务就是学习，努力学习也是他的责任。

[诠释]

人生在不同的阶段有不同的使命，在学生阶段，学习掌握知识就是孩子最重要的使命。为了这个使命，孩子必须学会忍耐、学会放弃、学会付出，这不仅仅是学习的需要，也是人生的一种修炼。

学习从来就不是一件轻松的事。有些父母以为国外的教育都是快乐的，其实，国外的优秀学生一样要经过努力学习才能取得好的学习成绩。所以，让孩子快乐成长是正确的，但是学习过程一定是很辛苦的，寓教于乐的教育方式并不意味着孩子不需要刻苦学习。不要以为孩子有兴趣就会喜欢学习，这只是一种不合实际的设想。

没有经过无聊和辛苦的学习过程，就不可能有优异的学习成绩。孩子的天性就是喜欢玩，父母不让孩子知道学习是辛苦的，孩子怎么可能主动努力学习？所以我们必须让孩子知道，任何取得一定成就的道路上总是伴随着曲折、充满着艰辛，要想有好的学习成绩，就必须刻苦努力，就必须辛苦付出。当然，在艰苦的学习过程中也有快乐，这个快乐体现在学习的结果上。当孩子取得优异的成绩，辛苦的努力得到回报时，学习的快乐就会显现出来。

父母要让孩子知道，努力学习是一种责任。孩子在上学阶段，他的主要任务就是学习，努力学习也是他的责任。所以，与其说在家庭教育中培养孩子自主学习、勤奋拼搏的精神，不如说是在培养他有担当、有责任感的优秀品质。

101. 别抱怨读书苦，那是通往未来的路

> 生活的苦，是一种消耗；读书的苦，是一种收获。读书的人，站得更高，看得更远，有着更宽广的视野和更高大的格局。

[诠释]

读书虽然辛苦，但这是通往未来的路。如果现在吃不了读书的苦，将来就会遇到比读书苦百倍的苦。只有经历了生活的苦，才知道原来读书是最轻松的。生活的苦，是一种消耗；读书的苦，是一种收获。因此，要告诉孩子，别抱怨读书苦，那是他去看世界的路。

一个人读书多少，并不能说明一个人的地位高低，却可以决定人生选择机会的多少。我们每个人都希望在个人成长遇到拐点的时候，能多一些主动选择的机会。很多人之所以痛苦，不是无法选择，而是没有选择。只有当你博览群书，拥有活到老学到老的能力，才能手握无限可能，去选择自己想要的人生。

读书的人，站得更高，看得更远，有着更宽广的视野和更高大的格局。读书的最终目的，绝不仅仅是混一张文凭、找一份好工作，而是让一个人保持学习的习惯，有将知识变成成长动力和养分的能力。一个人只有把知识内化成自己的血和肉，才能获得更加丰盈的人生。

102. 假如孩子吃不了学习的苦，就让他先尝一尝生活的苦

人这一辈子横竖都要吃苦，你不愿吃读书的苦，早晚得吃生活的苦。假如孩子吃不了学习的苦，就让他先尝一尝生活的苦。

[诠释]

学习是很苦，可生活从来没有坐享其成，人这一辈子横竖都要吃苦，你不愿吃读书的苦，早晚得吃尽生活的苦。只有吃过生活的苦，才懂得读书真的不苦。

知乎上有一个问题："为什么大多数人宁愿吃生活的苦，也不愿吃学习的苦？"其中有一条高赞回答："大概是因为懒。学习的苦需要主动去吃，生活的苦，你躺着不动它就来了。"这句话也揭露了成年人生活的艰辛。

只有吃过生活的苦，才会懂得学习的苦不值得一提。学习不能让你飞黄腾达，不能让你一劳永逸，但却可以给你安身立命的本事，给你更多选择的权利，给你的人生提供无限的可能性。父母要告诫孩子，永远不要因为怕吃学习的苦而放弃这条人生最好走的路。假如孩子吃不了学习的苦，就让他先尝一尝生活的苦。

103. 父母才是永不退休的班主任

> 立德树人是老师的责任，但教育孩子更是父母的天职。作为父母，别把什么都推给老师，父母才是孩子的第一责任人，是孩子永不退休的班主任。

[诠释]

当今社会，孩子的教育分为家庭教育、社会教育、学校教育三部分。在教育孩子上，父母的责任最大，因为每一位老师都只能陪学生走一程，而父母才是永不退休的班主任。

立德树人是老师的责任，但教育孩子更是父母的天职。天才是不存在的，任何一个优秀的孩子，都不是横空出世的奇迹，而是有迹可循的。它的因，在家庭；它的根，在父母。真正的教育，其实就是拼爸妈，而非仅仅靠老师。

教育若只靠老师，真的是耽误了孩子。很多父母以为把孩子送进学校，就可以当一个甩手掌柜了，孩子的教育就全仰仗老师了。殊不知，这恰恰是最耽误孩子的行为，也是父母不负责任的表现。社会上关于学校对学生的教育情况有这么一种说法："5+2=0"，说的就是家庭教育对孩子的影响。"5"代表学生5天在学校接受教育的正面影响，"2"代表学生周末2天接受教育的负面影响，"0"代表教育效果。虽然这种说法有很大的片面性，但也尖锐地指出了家庭和社会对孩子的成长有重大的影响。学校给每一位孩子提供的是一样的教育，父母想让孩子更加出色，只能在家庭教育上下工夫。所以，家长别把什么都推给老师，要明白父母才是孩子的第一责任人，是孩子永不退休的班主任。

104. 科学看待孩子的学习成绩

> 高分不"捧"，低分不"棒"，父母要科学地看待孩子的成绩。孩子考好了，父母的表扬和激励是孩子继续努力的动力；孩子考差了，父母的理解和鼓励是送给孩子最好的礼物。

[诠释]

每逢期中、期末考试，考的不仅仅是孩子，更是父母对孩子成绩的态度。父母应如何正确看待孩子的考试成绩呢？

①高分不"捧"，总结经验。如果孩子考了高分，父母自然喜上眉梢，但不应该将孩子"捧"得高高的，也不要给予过高的奖励。因为这样做，无形中会让孩子产生骄傲思想。一方面，父母可以带孩子到书店买几本书，或者满足孩子一次合理的要求等；另一方面，父母更应该帮助孩子分析卷面的得失情况，总结经验，扬长避短，乘胜前进，为下一次考试"更上一层楼"打下扎实的基础。

②低分不"棒"，找出差距。如果孩子发挥不佳，考了低分，父母绝不能训斥甚至责骂。实践证明，打是不能解决问题的。孩子考试成绩不佳，但他尽力了，这时孩子更需要父母和风细雨般的安慰与鼓励。父母要分析原因，是思想上不重视，还是学习方法不对，抑或是考试时间未能合理分配，等等，并找出不足与差距，给予恰如其分的评价，并指出今后的努力方向。

③制定目标，以利再战。考试后，父母还要与孩子一起，通过分析试卷，结合孩子的学习状态，共同分析孩子的实际能力，从而制定下一个切实可行的奋斗目标。在帮孩子制定目标时，可以定得比孩子的实际能力稍高一点，以引导孩子"跳一跳，摘果子"。但所定目标不是"军令状"，不是死命令，平时应在精神上多鼓励孩子，在生活上多关心孩子，让孩子学得愉快，考得轻松。

105. 孩子不想学就不学，那还要父母做什么？

> 学习从来就不是一件轻松的事，它不仅需要孩子勤奋刻苦，也需要父母耐心陪伴。在孩子想要放弃时，发挥父母的"威严"管教一下，对孩子要求严一点，这才是真正爱孩子。

[诠释]

很多事情小孩子还不懂，不能做决定，就得听父母的。也许有人不赞成这种说法，认为孩子不想学就别学了，干吗非得强迫他？现在不是都在讲要"尊重孩子"吗？但笔者认为，在孩子小的时候，父母有时必须逼他们做不愿意做的事，尤其是学习。

不知道从什么时候开始，中国的父母越来越"尊重"孩子，常常喊着给孩子"爱和自由"的口号，要求与孩子平等对话。然而很多时候，却是矫枉过正，一些父母口里的"尊重"变成了"遵从"。于是,当孩子对舞蹈、书法、美术等感兴趣的时候,父母二话不说先报了班。然而孩子学了一段时间想要放弃时,父母又遵从孩子的决定。殊不知这是家长在"偷懒",是打着爱孩子的幌子在"害孩子"。这样做表面上是对孩子的尊重,实际上却是对孩子的放任,是父母极度不负责任的表现。

要知道,任何学习过程都要经历一段枯燥乏味的阶段,这时候父母不"逼"孩子,让孩子"不想学就不学",那么孩子的学习永远只能停留在浅尝辄止的阶段,今天东学一下,明天西学一下,永远体会不到深层次学习的乐趣。久而久之,孩子只能什么都学不会,什么都做不成。如果不想让孩子长大后后悔,父母就要承担起责任,成为孩子的引路人。告诉孩子,如果在人生的早期不好好学习,那么长大之后必然会后悔。在孩子想要放弃某项学习的时候,要对他说一声:"孩子,再坚持一下,我陪着你。"

有时候,父母就是要"逼"孩子一把。如果父母逼孩子学他不想学的,是父母做得不妥;如果父母逼孩子做他已经选择的,那就是父母的责任了,教育孩子千万不要半途而废。无论什么事坚持才会有效果,有效果才会有成就感,有成就感才会更加坚持。久而久之,孩子才能养成良好的习惯。要让孩子明白:今天不吃苦,将来会吃苦;今天不努力,将努力一辈子。其实,真正的教育,就是拼父母。一个优秀的孩子,绝不可能横空出世,其背后必然有着父母付出的无数时间和心血。

106. 人生处处是"起跑线"

> 孩子真正的第一起跑线,更多的是家庭教育。孩子的心智成长到自己知道要努力学习,并已学会了学习,这才是孩子真正意义上的起跑线。

[诠释]

人生的起跑线有很多种:生理上的、心理上的、智力上的……对于孩子来说,其起跑线不仅仅专指孩子的学习。因为,有的人早慧,有的人大器晚成。人生本来就没有所谓的统一的起跑线,何况孩子的成长是动态的,从小学到初中再到高中,不同的阶段有不同的起跑线。有的孩子被父母不断膨胀的欲望压得直不起腰,容易失去身上最宝贵的好奇心、想象力、求知欲,最终很可能会"赢"在起跑线上,而输在终点站。

那么，孩子究竟会不会输在起跑线上呢？答案是：不会。教育专家王美婵认为：人生是一场马拉松，而不是一闪而过的百米赛。百米赛跑，起跑的反应时间、前三十米加速的爆发力是最重要的，占得先机的人即使拿不到冠军，也一定会名列前茅。而对于跑马拉松来说，起跑却是一点儿也不重要的小环节，一开始冲在前头的可能掉队，一开始不冒头的可能后劲儿十足。超强的体能、坚强的意志、合理的战术才是关键。

其实，孩子真正的第一起跑线，更多的是家庭教育。家长的观念、态度、方法，将对孩子产生深远的影响。父母只有给孩子营造一个良好的家庭环境，给孩子以人格上的示范，培养孩子良好的性格和品质，才能给孩子一个健康的人生起跑线。对于孩子来说，学校教育只是孩子人生众多起跑线中的一条。然而，教育却是终身的，尤其是知识经济时代，孩子只有学会学习，才能终身受益。这样看来，小学不是起跑线，中学不是起跑线，大学也不是起跑线，孩子的心智成长到自己知道要努力学习，并且已经学会了学习，这才是孩子真正意义上的起跑线。

107. 培养孩子主动学习的能力

> 主动学习是一种积极的学习能力，是孩子最重要、最应具备的能力。拥有主动学习的能力，不仅能提高学习成绩，更能掌握自己人生的方向。

[诠释]

拥有主动学习的能力，不仅能提高学习成绩，更能掌握自己人生的方向。虽然孩子每天都在学习，但是否是主动学习，效果大不一样。培养孩子主动学习的能力，父母做到以下四点很关键：

①以身作则。父母是孩子的第一任老师。如果希望孩子长大后成为什么样的人，那最好的方法就是父母首先要成为什么样的人。如果你的孩子做不到主动学习，那么你就要认真思考一下自己做到位没有。自己做好了，再去教育孩子。

②启发引导。教育心理学家皮亚杰说："每告诉孩子一个答案，就剥夺一次他们学习的机会。"孩子在成长过程中会提出很多问题，大部分父母都会直接做出回答，但更好的办法是肯定孩子的提问，然后将问题拆分成小问题再反问回去。孩子会跟着反问回去的问题，进行自我思考，从而一步一步达到养成主动学习的目的。

③减少督促。很多父母一看到孩子沉迷玩耍忘记学习，就会督促孩子赶紧去学习。然而最终会发现，刚开始还有点儿效果，但时间久了，孩子就越来越不自觉了。很多孩子的内驱力都是在父母日复一日的督促中被消磨殆尽的，他们逐渐变得拖延、懒惰，最后对学习渐渐丧失了兴趣。因此，父母一定要减少督促说教，引导孩子懂得为自己负责，明白学习是自己的事，从而培养孩子主动学习的能力。

④注重感受。人们在学习和做事时，会产生一种"愉悦"的美好心理体验。如果孩子在学习中体验到"愉悦"的美好感受，还需要大人督促吗？而"愉悦"的产生大多跟兴趣有关。因此，父母可以从孩子的兴趣入手，逐渐培养孩子主动学习的能力。

108. 指导孩子利用好学习时间

> 父母要指导孩子提高现有学习时间的利用效率：一要确保孩子做最重要的事情，二要多做和自己水平相适应的题目，三要学会让不同的学习内容和不同的时间相契合，四要学会挤时间休息。

[诠释]

学习能力强的同学，看书做题很轻松，剩余时间还可用来取得更大的进步。学习能力弱的同学，看书做题效率低下，甚至难以按时完成每天的作业，根本挤不出时间来提高自己。于是，学习成绩的"贫富差距"越拉越大。要解决这个问题，单靠挤时间是没用的，父母要指导孩子提高现有时间的利用效率。

①确保孩子一直在做最重要的事情。利用好时间的最重要原则，就是不要试图把所有的事情都做好。真正懂得如何利用时间的高手，一定是懂得如何舍弃的人。能确保孩子一直在做最重要的事情，实际上也就确保了孩子的时间一直在被高效地利用。

②指导孩子多做和自己水平相适应的题目。在有限的时间内寻找最重要的事情来做，不仅要放弃那些看起来不太有价值的东西，更重要的是要学会放弃那些看起来很有价值但是超过自己能力范围的事。要提高孩子的学习效率，就要多做和孩子水平相适应的题目，这样既有成就感又能提高解题能力。

③指导孩子学会让不同的学习内容和不同的时间相契合。那些需要大量阅读、

理解、背诵的东西，就要安排时间比较长、精力比较充沛、不容易受到干扰的时间段来完成。那些精力不太旺盛、比较容易受干扰的时间段用来做习题，因为做题的时候需要动笔演算，可以强迫孩子集中注意力。

④引导孩子学会挤时间休息。要想把时间利用好，不能只知道学习，还要学会挤时间休息。有很多孩子喜欢熬夜，因为夜里安静，有利于学习。但这样就会影响白天的听课，上课难免打瞌睡。所以，学习任务重的时候孩子偶尔熬夜可以，长期如此肯定损害身体，得不偿失。

109. 学习目标是孩子学习的航标灯

> 确立学习目标，要认识自身现状；
> 制订学习目标，要多个维度评估；
> 实施学习目标，要拆分目标落实；
> 实现学习目标，要贵在坚持行动。

[诠释]

没有目标的生活，恰如没有罗盘的航行。只有明确方向，才能持久稳健地朝着目标前进。可见，学习目标对孩子的学习有着举足轻重的作用。

①在设置目标之前，父母要指导孩子了解自身的现状，如了解自己的学习兴趣、学习动机、学习方法等相关内容，这样才能找到自己的目标，从而激励自己不断前进。

②在制订短期目标的时候，需要从五个维度对目标进行评估，然后修正目标，让目标制订得更为合理。第一，明确性目标应具体、清晰、准确，不是泛泛的大方向。第二，可测量目标要能够衡量，达成程度能够评估。第三，可实现目标要具有挑战性，但经过努力能够实现。第四，相关性目标要有价值，实现此目标与其他目标相关。第五，时限性目标要有时间限制，有时间节点，做好时间分配。

③学习目标的关键在于对目标进行拆分。在现实中，有些孩子谈到自己的目标时常常神采飞扬，但在实现目标的时候却虎头蛇尾，这就是人们通常所说的"思想的巨人，行动的矮子"。为了避免这种情况出现，父母在指导孩子制订目标时，一定要把大目标拆分成若干个小目标，一步一步实施，避免好高骛远。

④实现学习目标贵在坚持行动。无论目标大小，都需要孩子依靠行动去完成，

只有脚踏实地，才能让梦想变为现实。父母可让孩子把自己的学习目标以及行动方案写下来，并且贴在家里的醒目位置，时刻提示孩子积极行动，以达到目标。

110. 给孩子一个踮脚能够得到的目标

> 学习就像是马拉松赛跑，每个人都想跑第一名，但是却很少有人能夺得冠军。所以父母应该学会放弃，放弃的不是孩子的学习，而是给孩子所定的不切实际的目标。

[诠释]

学习就像是马拉松赛跑，每个人都想跑第一名，但是却很少有人能夺得冠军，毕竟冠军只有一个。虽然孩子已经全力以赴了，但是距离学习目标还甚远。此时，父母应该学会的就是放弃，放弃的不是孩子的学习，而是给孩子所定的不切实际的目标。

俗话说，求其上者得其中，求其中者得其下。很多时候，高目标确实可以激发一个人的潜能，但同时也会给一个人带来莫大的压力。人生追求的不是事事都马到成功，我们很多曾经定下的目标也许会失败，故学会放弃也是一种智慧。或许我们一开始所定目标就是不现实的，何必坚持一条错误的道路一错到底。我们需要的是不断调整，让目标越来越清晰，最后就算不能取得非常满意的结果，但也收获了美丽的过程，这也不能不说是一个完美的人生。

111. 促进孩子的个性发展

> 让每一个孩子的天赋展现，是父母的终极使命。家庭教育的真谛，就是点燃孩子内心的火焰，并不断给孩子内心的火焰加柴。

[诠释]

现在很多父母都只看重孩子的分数和名次，其实现实生活中的竞争却越来越不是"争第一"，而是"找唯一"，即找到不同于别人的、真正属于自己的独特优势。因为教育的真谛就是让孩子做最好的自己，没有个性就没有真正的成长。所以父母不要光盯着考分，而要观察和发现孩子独特的禀赋、潜质、爱好，点燃孩子内心的火焰，找到孩子成长的方向。让自己的孩子天赋展现，是父母的终极使命。

旅美学者薛涌认为教育有两个基本面向：一是"点燃孩子内心的火焰"，即培养孩子的信心和对世界的好奇心，激发孩子对学习的兴趣，这就是"以孩子为中心"的启发式教育。二是"给孩子内心的火焰加柴"。孩子毕竟是孩子，面对困难、挫折，容易灰心，甚至放弃。父母只有不断地加柴，火焰才能持续地燃烧，一块粗糙的矿石才能百炼成金。

由于孩子的无常性，爱好会变化，父母该不该逼孩子坚持下去呢？这不宜笼统地下结论，需要对孩子的具体情况做具体分析。俞平伯有一个教子理念，叫作大水养鱼，就是池子越大，水越多，小鱼才可能长成大鱼。可见，在最理想的情况下，父母能为孩子所做的是提供尽可能宽松的成长环境，在这一过程中鉴别和认识孩子真正的爱好和习性，并加以引导和培养。

112. 让孩子的生命内力觉醒是最好的教育

> 只有让孩子的生命内力觉醒了，赋予他一生使不完的巨大力量，才是父母送给孩子一生最好的礼物。

[诠释]

每个人的身体里都有两股力量，一股是我们表面上看得到的肢体力量，叫作生命外力；一股是我们表面上看不到的心理力量，叫作生命内力。人的肢体力量显然是弱小的，即使是最强壮的大力士，他所能举起的重量也是有限的。而人的生命内力一旦被唤醒，则是无限巨大的，能无坚不摧，势不可挡。人的一生强大与否、成功与否、幸福与否、快乐与否，不取决于他的肢体力量，也不取决于他的知识力量，而主要取决于他的生命内力。

生命内力是每个人身体里存在的一股无比巨大的力量，就像一块无比巨大的核电池一样存在于每个人的身体中。人所受到的一切教育活动，都是在激活和唤醒人体内的这个巨大电池。如果最终没有唤醒生命内力，一切教育活动就都是不成功的。而一旦唤醒了生命内力，则上什么学、学什么专业、到哪里去上学、受什么教育，就都不是最重要的了。

当今不少父母教育孩子的最大误区，就是把每天完成作业和将来考上哪所大学这样的小目标，当成了教育孩子的大目标，而没有觉悟到通过教育活动唤醒孩子的生命内力才是教育的重要目标。孩子所取得的一切成绩，如果不是孩子生命内力觉醒的结果，而是父母的肢体力量加上孩子的肢体力量联合作用的结果，这两股弱小的身体力量再怎么拧到一起也大不到哪儿去。

当然，每个人所说的成功可能不太一样，有的人说的成功更多的是指名和利上的成功，那种成功不一定非靠生命内力，靠关系、靠机遇也可获得成功。而真正的成功是指内心不弱小，有幸福感、满足感、成就感和有自由、有尊严的成功。这种成功的人或许默默无闻，或许在名利上从不张扬，但他们却可以问心无愧地对自己说，一生幸福无憾。

113. 应对孩子学习成绩起伏的锦囊

> 孩子的学习成绩呈上升趋势，家长以鼓励为主；呈下降趋势或忽高忽低，重在分析原因，有效应对；若原地踏步，则重在提升孩子的学习兴趣。

[诠释]

有人说：无论中考也好，高考也好，都是一场没有硝烟的战斗。参战的不仅仅是学生，还有老师和家长。学生是冲锋陷阵的士兵，老师是指挥作战的军师，而家长则是后勤部长。其实，家长何止是后勤部长，更是三者兼而有之。

孩子到了初三、高三，一般存在四种状态，家长必须依据不同的状态采取不同的对策。一是孩子的学习成绩呈上升趋势。这种状态，往往是家长最为满意的，多以鼓励为主。二是孩子的学习成绩呈下降趋势。这是家长最不愿意看到的。这种状态，需要家长冷静分析原因，采取有效措施，帮助孩子扭转局面。三是孩子的学习成绩忽高忽低。这类情况比较复杂，家长不要成绩好了就沾沾自喜，成绩差了就责备、打骂。家长需要做的是，成绩好了，鼓励并告诫孩子不要骄傲；成绩差了，和孩子一起查找原因，加以纠正。四是孩子的学习成绩原地踏步。这类情况要具体分析，如果是优等生，说明孩子保持得好；如果是中等生，说明孩子坚持得好；如果是学困生，多数是学习兴趣不浓，劲头不足，或是方法存在问题。对前两种状态，家长要以鼓励为主。对成绩较差的孩子，家长最好是想方设法提升其学习兴趣，帮助孩子找到学习的软肋，再各个加以击破。

114. 孩子取得好成绩的法宝

> 淡定——保持好心态；
> 计划——学习有规划；
> 自律——增强自觉性。

[诠释]

①淡定——保持好心态。父母要让孩子相信自己的勇气与实力，始终保持良好的心态。勇气就是哪怕跌倒100次，也要100次地站起来；实力就是要努力让自己的水平保持在他人之上。

②计划——学习有规划。要指导孩子按照每年、每学期、每月来制订学习计划。最好是让孩子自己不断摸索和总结，制订出一张高效学习的计划表，以此来对学习进行规划，并尽量按照既定计划去完成。

③自律——增强自觉性。计划制订得再周密，执行力弱也是白搭。故自律是孩子取得成功的最重要的因素。

115. 家庭教育的重心

> 小学重态度，初中重品行，高中重习惯，大学重成绩。

[诠释]

孩子上小学的时候，父母要注重他的学习态度。书写汉字不要求写得十分美观，但必须认真。态度出问题了，学习肯定出问题，孩子的成长就会出问题。孩子上初中后，要注重他的学习品行，上课不认真听讲就是不尊重老师，不尊重老师就是不尊重知识，不尊重知识，其品行也好不到哪里去。孩子上高中后，父母要注重他的学习习惯的养成，只有具有良好学习习惯的学生，才能够更好地享受学习的过程。孩子上大学后，父母要注重他的学习成绩。孩子只有把所学专业知识掌握扎实了，以后的人生才会受益匪浅。

总之，孩子上小学时要在乎他的学习态度，上初中时要在乎他的学习品行，上高中时要在乎他的学习习惯，上了大学则要在乎他的学习成绩。将来踏上社会，

父母还要在乎孩子是否能够做出明智的选择，选择自己的事业，选择自己的爱情。

116. 不能忽视孩子的说话教育

> 父母要指导孩子学说话、说好话：要认真倾听孩子说话，耐心引导孩子说话，细致指导孩子说话，并尽量为孩子创设说话的环境。

[诠释]

①认真倾听孩子说话。孩子回到家里见到父母，通常会把自己认为有趣的、稀奇的事儿说给父母听。这时，父母应认真倾听孩子的讲述，并用一些神态和肢体语言让孩子感觉到你听得很投入。如果父母正忙着无暇倾听，最好温和地跟孩子商量："瞧，爸爸妈妈正忙着呢，等会儿我们坐下来仔细听，好吗？"如果父母因为忙对孩子的讲述显得不耐烦，孩子说的欲望受到了压抑，久而久之便会不再想说。

②耐心引导孩子说话。一些性格内向的孩子常爱一个人默默地玩、默默地做事。对这样的孩子父母就需要千方百计地引导孩子说话，把孩子说的欲望激发出来。

③细致指导孩子说话。儿童说话时常会有发音不准、用词不当、前言不搭后语等现象，父母在听的过程中，应随时帮助孩子纠正发音，教孩子选用正确的词语，让孩子把话讲完整，引导孩子把自己想说的话联系起来思考后再讲。这样经过长期的指导，孩子语言表达能力也将不断提高。

④尽量为孩子创设说话的环境。单调的生活环境，对孩子的语言发展很不利。父母要为孩子提供有利的说话环境，让孩子多听、多说，以充实其说话的内容。如在家请客时，让孩子当众说话、表演节目，这样可以让孩子得到锻炼的机会。也可让孩子与不同年龄、不同层次的人进行交流。如果孩子讲错了，父母要及时纠正，但不要批评训斥。

117. 孩子在"阅读饥饿期"，最重要的不是成绩而是阅读

> 6～12岁是孩子的"阅读饥饿期"，这个时期最重要的不是成绩，而是阅读。

[诠释]

孩子对阅读的"精神饥饿感"形成于14岁之前。人在14岁以前的阅读体验，对孩子的成长至关重要。其中，6~12岁是孩子的"阅读饥饿期"，这个时期最重要的不是成绩，而是阅读。

6~12岁的孩子，自主选书读的能力还不够成熟，所以对于父母来说更重要的是如何为孩子选购符合孩子阅读兴趣、对他们身心成长有益的书。第一，孩子读书可以任性一点，父母应鼓励孩子根据兴趣大量阅读。第二，把选书权交给孩子，孩子喜欢读什么书就读什么书。第三，培养孩子专注阅读的习惯，通过阅读培养孩子的专注和耐心。培养专注和耐心的品质，其价值远远超过读某本书所传递的知识。第四，读书的"量"比"质"更重要。对于提高阅读能力来说，有时候"量"比"质"更重要，只有量上去了，阅读能力才会有一个质的飞跃。

中小学阶段，尤其是小学阶段，是孩子良好习惯形成的关键期，同时也是孩子各项能力发展的黄金期。其中最为重要的就是学习能力的提高，这种看似复杂的学习能力，却可以通过一种能力的培养去习得，这种能力就是"阅读能力"。培养阅读能力，需要两个条件：一是持续性和连贯性。培养阅读习惯，要每天有固定的阅读时间，决不能喜欢读就读一读，不喜欢就不读了。二是阅读量的累积。一般而言，小学一、二年级的孩子每年阅读量不能低于100万字，三、四年级的孩子每年阅读量不能低于200万字，五、六年级的孩子每年阅读量不能低于300万字。

118. 让阅读成为陪伴孩子一生的好习惯

让孩子习惯阅读，爱上阅读，这是父母送给孩子最为珍贵的礼物。父母要培养孩子正确的读书意识，营造良好的读书环境，坚持陪伴的读书行为，引导撰写读书感想。

[诠释]

书，既不可食，又不能玩，孩子不可能轻易就喜欢读书的。要让孩子养成爱读书的习惯，父母千万不要心急，要通过生活中的点点滴滴，对孩子积极鼓励，正确引导，耐心陪伴，总有一天孩子会爱上阅读、爱上书。

①培养正确的读书意识。父母要让孩子明白，读书能让一个人内心更加充盈，

胸怀更加宽广，灵魂更加丰富；通过读书，能够看到自己无缘邂逅的风景，走进自己无力到达的地方，领悟自己无法提炼的思想。

②营造良好的读书环境。读书切莫说家里没有书房，没有空间，没有孩子学习的环境。真正的爱读书，即便蜗居斗室或身居闹市也可专心阅读。但父母要创设环境让孩子随时随地可以读到书，孩子想要读书的时候，随手一拿，即可畅游书海。

③坚持陪伴的读书行为。父母要给孩子树立读书的榜样，在家尽可能不玩手机，少看电视。没事的时候，或多陪孩子一起到书店买书，或一起到图书馆借书，或一起在家里读书。

④引导撰写读书感想。在孩子刚开始接触自己喜欢和感兴趣的图书时，父母要注重培养孩子把读书后的感受多和父母交流，或者培养孩子通过文字来表达自己的读后感想。让孩子撰写读后感有利于孩子学会思考，有助于将书本中的精华变成自己的知识。

119. 给孩子选购合适的书籍

父母给孩子选购书籍，应该与孩子多商量。选购的书籍要与孩子的年龄相契合，与孩子的个性相统一，与自读相一致。

[诠释]

①与孩子多商量。孩子和父母在选书过程中要多商量。选书，谁都不能任性。完全由父母来决定孩子看什么书不足取，孩子想看什么书父母就买什么书也不合适。比较科学的方式是父母给孩子一定的选择空间。

②与年龄相契合。给孩子选书，应该与孩子的年龄相契合。儿童阅读，有个黄金定律，就是什么样的年龄读什么样的书。比如，孩子上幼儿园的时候，父母可以给孩子选一些图画类的书。如果孩子是小学生，父母可以给孩子选择一些儿童文学类的书籍。

③与个性相统一。孩子读的书，要和孩子的性格相统一。从孩子个性入手，找一些与孩子个性相贴近的书，孩子才更愿意读下去。比如，如果孩子是一个小淘气包，那么就给他买有关淘气包故事的书，孩子就能从这些故事中看到自己的影子，从而更容易走进书的世界。

④与自读相一致。对于别人推荐的书目，不要照方抓药，而是应该合理地筛选。很多父母过于依赖别人推荐的书目，其实更应该自己多读点书，再根据孩子的性格和年龄给他们"攒"一些书，这样远比别人推荐的书目更有效果。

120. 家庭教育，重在养而不在教

家庭教育，重在养而不在教。面对孩子学习上出现的问题，父母一定要保持情绪的平和，这是对孩子最有效的教育。

[诠释]

家庭教育，重在养而不在教。有的孩子学习上出现各种各样的问题，归纳起来就是心力不足，也就是内心对学习的热情不足。养鱼重在养水，养树重在养根，养人重在养心。如果一个孩子的内心在家里面得不到养护，得不到有效的滋养，天赋的聪明就没有基础。孩子智商再高，没有恰当的、相应的心态支撑，天赋也很难发挥出来。

点燃孩子内心的学习热情，需要一定的温度和一定的状态。如果父母的心是冷漠的、麻木的或者是焦虑不安的，就很难去点燃孩子学习的热情。面对孩子出现的学习上的问题，父母一定要保持情绪的平和，这是对孩子最有效的教育。

121. 孩子做作业，父母干点啥？

孩子做家庭作业时，父母要营造安静的氛围，规定作业的完成时间，让孩子独立完成作业。父母最好放下手机，和孩子一起学习。

[诠释]

①营造安静的氛围。要想让孩子沉下心来好好写作业，父母首先要为孩子营造一个安静的氛围。到孩子写作业的时间，家里要安静下来，以免分散孩子的注意力。另外，父母要为孩子固定一个写作业场所。在这个场所，除了孩子学习需要用到的文具、书本，不要有任何杂物，以免分散孩子的学习注意力。

②规定作业的完成时间。孩子写作业时，父母可根据当天的作业量，规定孩

子写作业的时间，可以在孩子的书桌上放一个小闹钟，到点了不管孩子的作业写没写完，都不许孩子再写了，让孩子自己承担没有写完作业的后果。如果孩子提前写完了，那么剩下的时间孩子可以自由活动。当然，前提是孩子是用心写作业，如果孩子应付作业，父母可以严厉要求孩子重写。

③让孩子独立完成作业。为了防止孩子不好好写作业，一些父母采取的办法就是盯，紧盯。父母盯得越紧，孩子越紧张，越紧张就越容易出错。所以，在孩子写作业期间，父母要让孩子自己写，遇到不会做的题先自己思考，等孩子写完后，父母再仔细检查，帮助孩子答疑。

④尽量和孩子一起学习。有的父母让孩子看书写作业，自己却在一旁玩手机。孩子感到不平衡，哪有心思写作业呢？所以，要想让孩子好好写作业，父母自己首先要放下手机，拿起书本，做好榜样。

122. 让孩子的学习悠着点

> 父母对孩子的学习成绩要多给予肯定，要多关注孩子的学习过程。不要对孩子要求过于严格，不要给孩子过多的压力。

[诠释]

孩子的学习是父母谈论最多的话题之一。孩子学习成绩好的父母，少不了要炫耀一番；孩子学习成绩不好的父母，难免要埋怨一通。其实，对于孩子的学习成绩，父母真的没有必要过于纠结。

①对孩子的学习成绩多给予肯定。孩子的学习成绩有高有低，也是很正常的一件事情。孩子的学习成绩好，父母在心里暗自喜欢就好，不要过多地流露于脸上；孩子的学习成绩不好，父母多鼓励多肯定孩子，帮助孩子一起努力，相信孩子的学习成绩会慢慢好起来的。如果孩子的学习成绩不好，父母把指责的话语挂在嘴边，只会让孩子失去自信，学习成绩也会越来越差。

②要多关注孩子的学习过程。不看过程只追求结果，是造成孩子学习成绩不理想的主要原因。更多的时候，父母要多关注孩子的课堂注意力，多督促孩子课后温习，多进行家庭作业的辅导。父母在孩子身上多花一点儿时间，多陪伴孩子，必然会收到好的回报。

③不要对孩子要求过于严格。孩子的考试成绩只是一个结果，并不代表学习过程。也许孩子真的认真学了，也认真听了，但他没有听懂，也没有学好，这也是常有的事情。父母对孩子严厉指责，只会令孩子产生心理恐惧，对孩子的健康成长造成负面影响。

④不要给孩子过多的压力。一些父母总是怕孩子的学习量不够，周末、节假日还要送孩子上补习班，压得孩子透不过气来。其实学习也要劳逸结合，大脑过度劳累只会令孩子的学习效率下降。在大脑高运转、高压力之下，孩子的身心得不到放松，肯定不利于学习，更不要说提高成绩了。

123. 提高学习成绩的小帮手——错题本

> 建立错题本，要求孩子做到：记录错题早一点儿，整理错题细一点儿，错题归因实一点儿，牢记正解多一点儿，纠正错误巧一点儿，定期归类透一点儿。

[诠释]

大部分孩子都有这样的体会：许多题目老师讲过，自己做过，考试考过，但是下次考试遇到时仍难免出错。因此，父母让孩子建立错题本，学会整理错题，避免犯同样的错误就显得尤为重要。那么应该如何使用错题本呢？

①要避免"两个误区"。一是不能有错必记。不能盲目地将所有做错的题目都纳入错题本中，落在本上的错题一定是经典的、极易疏忽的、反复阻挠孩子的"拦路虎"。二是不能对错全记。错题本一定要突出记录正确答案。比如，一道单选题有四个选项，如果全部记录下来，就相当于75%的时间在记错的内容，而且错的内容会给孩子的学习带来干扰。因此，要尽量记录正确的内容和解题思路，可以用比较醒目的色彩来突出重点。

②要注意"六个一点儿"。一是记录错题早一点儿。父母可每门主科为孩子准备一个错题本，让孩子及时将错题整理到本子上。二是整理错题细一点儿。要分门别类地对平时练习或考试中做错的题目进行整理、归类、分析。分类可根据课本章节顺序、错误的原因、解题技巧等进行。三是错题归因实一点儿。整理错题时，要分析出现错误的原因，是审题错误还是知识错误、计算错误、书写错误

等。四是牢记正解多一点儿。把做错的题目让孩子抄一遍或剪贴在错题本上，再把正确的解法清清楚楚地摘抄下来。同时，把出错的原因、类型用红笔写在题的旁边。这样做的好处是时时提醒孩子"题不可二错"。五是纠正错误巧一点儿。如果错题有多种解题方法，可以在题的旁边用另一种颜色的笔把几种解题方法的简要思路写上。六是定期归类透一点儿。错题需要定期归类、整理。每一次周测、月考、期末考试之前，应该对这一时段解题过程中所犯的错题进行归类整理。这是再学习、再认识、再总结和再提高的过程，可使孩子对知识的理解更深刻，对知识的掌握更牢固，对知识的运用更灵活。

124. 目标：只追前一名

制定下一次的考试目标：只追前一名。"只追前一名"的学习战术，目标虽小但简单易行，更容易激起孩子的自信心和竞争的斗志。

[诠释]

"孩子，你记住，下一次的考试目标就是：只追前一名。"这是一位考上北京大学的女孩的妈妈最初对孩子提出的目标。"只追前一名"的学习战术，就是所谓的"够一够，摘桃子"。没有目标便失去了方向，没有方向便失去了期望，没有期望便失去了动力。但是，目标太高、期望太大的结果，不是力不从心，便是半途而废。而明确又可行的目标，真实又适度的期望，才能引领孩子脚踏实地、胸有成竹地不断进步。

"只追前一名"的学习战术，目标虽小但简单易行，更容易激起孩子的自信心和竞争的斗志。孩子为实现这个目标，摒弃了华而不实的杂念，全身心扎扎实实、认认真真地去努力。孩子在一次次小的成功中，得到了父母和老师的认可和赏识，就会逐步走向大的成功。

125. 莫把"家长签字"当负担

不要把"家长签字"当成一种负担，因为签下的不仅仅是家长的名字，更是一颗沉甸甸的责任心。

[诠释]

当今有的中小学老师,隔三岔五让家长签字:考试签字、作业签字、背诵签字、听写签字……有些家长把"家长签字"看成了负担。其实不然。通过"家长签字",一方面,家长可以了解孩子的学习情况,及时发现孩子在学习过程中存在的问题和不足,督促孩子积极、主动、自觉地学习,并帮助孩子养成良好的学习习惯;另一方面,老师可以从家长反馈的信息中,及时了解学生的作业完成情况和家长的想法,从而有针对性地开展下一步的教学活动。但家长在签字的时候一定要注意以下几种现象,否则会适得其反。

①不要流于形式。家长对"家长签字"要予以重视,千万不能大笔一挥,应付了事。签字前要全面检查孩子学习任务的完成情况,包括书写是否端正,内容是否准确,预习、背诵、朗读、查阅资料等"软作业"是否完成,试卷出现错误的原因是否清楚,等等。家长除了签上自己的名字,也可以把孩子完成作业的时间、完成过程中的表现等,用简短的文字反馈给老师。

②不要大包大揽。不少家长在签字前先检查孩子的作业,一旦发现错误马上指出,然后让孩子订正。这样做最直接的后果是,孩子每天做完作业随手一放,坐等家长来检查,养成做事不负责任、完全依赖家长的不良习惯。因此,家长在检查作业时发现了错误,不要直接告诉孩子,应提醒他再检查一遍。若孩子找不出问题,家长可以适当提示,让他重新审题或者反复验算。长此以往,通过一定的强化训练,可以培养孩子细心、耐心的学习习惯。

③不要动辄打骂。当孩子成绩不理想时,有些家长不是给予鼓励和引导,而是训斥责骂,甚至让孩子遭受皮肉之苦。这就导致有的孩子根本不敢把作业、考卷交给家长,甚至诱发撒谎、代签、冒签等不良行为。所以,家长签字时应该多用鼓励的语言。

126. 引导孩子写好作文

好作文绝不是靠大脑凭空"想"出来的,而是通过平常多阅读、多体验、多观察、多思考、多练习写出来的。

[诠释]

①多阅读，扩大其阅读范围。阅读对孩子的成长是非常重要的。父母要从小鼓励孩子多读书、读好书，并且引导孩子每天临睡前读一会儿书。另外，周末和假期也是非常好的课外阅读时间，父母可以为孩子推荐一些适合阅读的书籍。父母在引导孩子阅读的过程中，注意不要使阅读带有太多功利的色彩，也不要强行让孩子写读后感或读书笔记。很多好书只要孩子真正用心去读了，就必然会对他产生潜移默化的影响。

②多体验，充实其成长经历。父母可以让孩子多亲近大自然，接触生活中的真实社会，积累写作文的第一手素材，并鼓励孩子把自己的真实想法写出来。孩子的亲身经历对于写好作文的帮助，往往能够胜过阅读无数篇范文或者父母苦口婆心的指导。

③多观察，丰富其内心世界。对各种新鲜事物充满好奇心和探究欲是孩子的天性。父母要引导孩子观察身边的一草一木，观察他人的一言一行，观察生活中的一点一滴。在观察的过程中，不但孩子的好奇心得到一定的满足，他的内心世界也会变得更加丰富；在观察的基础上，再鼓励孩子把观察到的东西写出来，以锻炼孩子的写作能力。

④多思考，提升其思维能力。父母要把提高孩子独立思考能力放在首位。当孩子遇到疑难问题时，不要马上告诉孩子答案，要鼓励其积极思考。无论最终能否找到办法或答案，只要孩子在解决问题的过程中认真思考，父母都要及时给予表扬。这样，可以培养孩子的思维能力，而有了这种能力更有利于孩子写出好的作文。

⑤多练习，写出其真情实感。只有情真意切的文章才能引起读者的共鸣。在引导孩子练习写作的过程中，父母不要禁锢孩子的思维，要鼓励孩子"写自得之见""抒自然之情"，把真情实感融入作文之中。

127. 让孩子身上的两颗种子和谐发展

每个孩子心中都有自控力和主动性这"两颗种子"，孩子成长最理想的状态，就是让两颗种子都饱满地、和谐平衡地得到发展。

[诠释]

孩子心中的第一颗种子是自控力，即控制自己，按照外界环境提出的要求学习知识和技能，完成学习任务的能力。第二颗种子是主动性，即出于个人内在兴趣、动机和愿望，自觉地做自己喜欢做的事情的能力。这两颗种子看似各自独立，实则相互影响，在孩子的成长过程中起着相辅相成的作用。如有的孩子从小学习弹钢琴，刚开始学琴的时候，自控力可能比较重要，后来弹到一定程度，就不能光凭第一颗种子了，还需要很强的主动性和创造性。所以父母有一项重要任务，就是要创设良好的教育环境，让孩子的两颗种子能够和谐发展。

对于大多数孩子来说，其前一颗种子的生长土壤比较肥沃，而第二颗种子的生长土壤则比较贫瘠。在现实生活中，"头悬梁，锥刺股""书山有路勤为径，学海无涯苦作舟"等流传千年的名言佳句都给第一颗种子提供了强有力的滋养。对父母而言，有责任在第一颗种子发挥优势的同时，进一步改善孩子第二颗种子的生长环境。因此，在家庭教育中，父母应把握好爱和严、自由和纪律之间的平衡，不能只片面地给孩子爱和自由，而要尊重他的心灵。这其中包括：尊重孩子的兴趣和爱好，尊重孩子的情绪和情感，尊重孩子的抱负和志向，尊重孩子的选择和判断，尊重孩子的个性差异，尊重孩子的个人意愿，等等。只有这样，才能保证孩子更健康地成长，才能更好地挖掘其潜力，使之在智力和品德方面得到和谐发展。

128. 父母着力做好三件事

只要抓好亲子关系、习惯培养、学会学习这三件大事，父母就是有智慧的父母，孩子也能成为杰出的孩子。

[诠释]

经常有父母抱怨："我家孩子脾气不好，动不动就发火，怎么办呀？""我家孩子不听话，怎么教育他呀？"其实，教育孩子并没有我们想象的那样复杂，父母只需做好三件事，就可培养出优秀的孩子。

①培养良好的亲子关系。好的亲子关系胜过任何教育，父母与孩子关系好，对孩子的教育就容易成功。而建立良好的亲子关系，其关键在于定位：一不当法

官，学做律师。即父母对待孩子，要像律师对待自己的当事人一样，了解其内心需求，并始终以维护其合法权益为唯一宗旨。二不当裁判，学做啦啦队。父母做孩子的啦啦队，既要善于发现和赞美孩子的进步，还要引导孩子正确面对失败，在挫折面前做孩子的战友。

②培养孩子的良好习惯。父母一要重视孩子习惯的培养，且认识到习惯的养成绝非一日之功。良好习惯的养成要做到：低起点，严要求；小步子，快节奏；多活动，求变化；快反馈，勤矫正。二要通过习惯培养铸造品格。习惯与人格相辅相成，习惯影响人格，人格更会影响习惯。正直、诚实、责任心、爱心、合作精神等品格都可以通过习惯培养来铸造。

③引导孩子学会学习。激励孩子热爱学习、引导孩子学会学习是父母的一项重要职责，也是父母的真正魅力所在。一要激发孩子的求知欲和学习潜能。兴趣、梦想、质疑、感恩、发奋、成就感等都是疏通和启发孩子求知欲的通道。心情、开窍、暗示、遐想、激励、计划是激发孩子学习潜能的六大原则。二要培养孩子"爱学""会学"。"爱学"是"会学"的前提，而"会学"是"爱学"的保证，"会学"才能学好。孩子要想学习好，必须要掌握好的学习方法，如课前预习、专心听讲、认真写字、整理错题、随手笔记、高效考试等。

129. 要想学得好，掌握仨法宝

> 激活孩子大脑最好的三个方法：游戏、运动和阅读。这也是提高孩子学习成绩的三大法宝。

[诠释]

①游戏。游戏是学习的好伙伴，而最好的游戏就是和同伴玩。有些父母总是希望孩子一直学习不能玩游戏，这是不可取的。游戏不是学习的敌人，而是学习的伙伴。通过游戏，孩子可以学习如何处理人际关系。其实，会玩的孩子情商高，学习成绩也会比较好。所以，父母要让孩子在游戏中学习，在集体中成长。

②运动。人在运动的时候，大脑会产生三种神经传导物质：多巴胺、血清素和正肾上腺素。多巴胺有助于增强孩子的自控能力；血清素有助于孩子镇定情绪，

缓解焦虑；正肾上腺素有助于孩子保持专注。孩子在运动后去做功课的效果是最好的，因为运动后，大脑会分泌大脑的营养素——人脑源性神经营养因子，其可以促进神经细胞长出新的分支。

③阅读。阅读是吸取信息最快的一个方式。同时，阅读可以改变大脑。很多父母误认为，孩子只能读课本，不能读课外书，这是一种学习上的短见。孩子只有通过广泛的阅读，才能掌握大量的背景知识。没有广泛的阅读，没有背景知识作支撑，孩子的学习也会大打折扣。

130. 一天中学习的四个黄金时段

> 清晨起床后，加强记忆；上午8点至10点，攻克难题；下午6点至8点，复习归纳；入睡前一小时，巩固复习。

[诠释]

什么时候学习效率最高？当然是大脑最清醒的时候。生理学家研究发现，大脑在一天中有四个时段最为清醒，这也是学习的高效期。

第一个最佳学习时间：清晨起床后。经过一夜的休息，消除了前一天的疲劳，大脑处于新的活动状态。此时记忆状态最佳，学习一些难记忆但必须记忆的知识较为合适，如语文词句、英语单词、数学公式等。有时即使强记不住，大声念上几遍，也会有利于记忆。所以清晨是一个最佳的学习记忆时间。

第二个最佳学习时间：上午8点至10点。此时人的精力充沛，大脑容易兴奋，思考能力处于最佳状态。此刻是攻克难题的大好时机，应充分利用。

第三个最佳学习时间：下午6点至8点。此时是用脑的最佳时刻，不少人利用这段时间进行复习归纳，整理笔记。

第四个最佳学习时间：入睡前一小时。利用这段时间来加深印象，特别对一些难于记忆的东西加以复习，则不容易忘记。

当然，这是人的一般性学习时间规律，对于不同的孩子来说，还有自己独特的学习时间规律和习惯。为提高学习效率，父母要指导孩子善于发现并充分利用好自己独特的最佳时间段。

131. 培养孩子优良的学习品质

要培养孩子优良的学习品质，即浓厚的学习兴趣、良好的学习习惯、有效的学习方法、敏锐的信息素养。

[诠释]

①有兴趣：浓厚的学习兴趣。要培养良好的学习品质，首先要有浓厚的学习兴趣。孩子考多少分数并非最重要，但他对学习一定要有热情，做到学而不厌。让孩子充满无限的学习兴趣，可谓是家庭教育的重中之重。

②有习惯：良好的学习习惯。孩子在学习中的习惯很多，最重要的是独立思考的习惯。在学习中，如果缺少自我思考、消化、质疑，其学习效率肯定不高。所以在家的时候，父母可以多问孩子几个为什么，当孩子问为什么的时候，父母可以和孩子一起探究，一定要让孩子养成独立思考的习惯。

③有方法：有效的学习方法。学习方法无所谓好坏，适合孩子的，就是好方法。在孩子的学习过程中，父母可以和孩子一起总结出几条方法，让他去尝试，从中选出适合孩子的最佳方法。

④有素养：敏锐的信息素养。如何让孩子学会收集信息、整理信息、运用信息甚至创造信息，这是父母不容忽视的。同样的信息，大家一起听、一块看，有些人就有了收获和提升，有些人却毫无所得。其原因就是后者没有信息素养，不懂得在众多的信息中抓取、整理和运用信息。有人曾说过，不管是学校教育还是家庭教育，谁能够充分地利用资源，谁能够有效地整合信息，谁就能脱颖而出。

132. 决定孩子成才的五大素养

一个人能否成才，取决于自己是否具有热爱读书、善于自学、超强记忆、文理兼修、开启悟性五大素养。

[诠释]

一个人能否成才，不取决于名校名师之出身，不取决于学历学位之高，不取决于学习条件之优越，也不取决于家庭父母之富有，只能取决于自己。具体来说，取决于自己的志趣、理想和精神。所以家庭教育，最重要的是要培育和强化孩子的五大重要素养：

①热爱读书。立学以读书为本，但凡智力超常的少年，生理发育都比较超前，他们共同的特点就是酷爱读书，读书已成为他们生命的一部分。

②善于自学。这是成才的关键，人类文明的传承就是从自学开始的。一个没有很强自学动力和能力的人，是不可能成为杰出人才的。自学建立在高度自觉的基础上，有些人有天生的自学能力，而大部分人则需要开发和引导。

③超强记忆。超强的记忆力，是成才的基础。记忆力与天资有关，但主要还是靠后天培养的。

④文理兼修。事实证明，文科单科独进和"学会数理化，走遍天下都不怕"的道路，都是行不通的。父母不要太在意孩子的专业选择，任何专业的学习都要打好厚实的文理知识基本功。

⑤开启悟性。所谓悟性，是一种感悟的思维能力。悟性是学习的最高境界，是开启智慧的根本途径。一个人学习优劣的区别，不在于分数之高低，而在于悟性之有无。每一个生理发育正常的人，都有潜在的悟性，需要开启方能显现出来。悟性重在悟，它是在无功利、无压力、无恐惧的心境下，通过自学、自问、自疑、自答、自赏、自娱等一连串的顿悟过程获得的。

133. 学习习惯养成的六个步骤

> 学习习惯养成的六个步骤：激发动机、明确规范、榜样激励、持久坚持、及时评估、形成环境。

[诠释]

①激发动机，就是运用各种各样的方法让孩子对于希望养成的习惯产生兴趣甚至志向，使其确信：我需要，我喜欢，我能行。

②明确规范，就是引导孩子了解某个良好习惯的重要意义和具体标准。

③榜样激励，就是运用榜样和偶像的模范行为激励孩子养成好习惯，其中首先是父母和老师要以身作则为孩子做表率，其次要理解和尊重孩子的榜样和偶像。

④持久坚持，就是鼓励和引导孩子将良好行为坚持坚持再坚持，由被动到主

动再到自动，直至养成良好的习惯。

⑤及时评估，就是父母每天都要检查评价孩子习惯养成的情况，引导孩子发现自己的进步，排除各种干扰，将良好行为坚持下去。

⑥形成环境，就是为了支持孩子养成良好习惯而优化相关环境，包括家庭环境、学校环境和社区环境的不断改善。

上述六个步骤既可依序进行，也可选择其中一个步骤做起。

134. 合理安排寒假学习时间

> 第一阶段：完成作业，学习为主。
> 第二阶段：享受年味，度假为主。
> 第三阶段：预习新课，收心为主。

[诠释]

要想让孩子度过一个欢乐而又充实的寒假，父母要帮孩子合理规划寒假学习时间，可把寒假分为三个阶段：

第一阶段：放假前至腊月二十八。趁着孩子学习的余韵还未散退，年味儿还没有那么浓，让孩子以学习为主，尽量完成寒假作业，延续上学时形成的学习好习惯。如果孩子有学科薄弱环节，利用这个阶段加强学习或练习是再好不过的了。让孩子对知识点查漏补缺，突破疑点、难点，或者延续书本上的内容进行更深入的学习。

第二阶段：腊月二十八至大年初六。这段时间年味儿最浓，孩子也无心学习，父母可让孩子充分放松，尽情享受过年的欢乐气氛。年前带孩子置办年货，剪窗花、贴对联、包饺子等；年后带孩子走亲访友、招待客人、联络感情等。另外，还可带孩子外出游玩、看看电影，给孩子讲关于春节的习俗、民俗故事，以丰富孩子的认知。

第三阶段：大年初六至开学前。过了大年初六，年味儿稍微淡了一点，该拜访的亲戚也差不多拜访完了，开学也近在眼前，不能再放任孩子疯玩了。这个阶段要做的就是帮助孩子收心，为新学期做好准备。比如：根据平时上学的作息安排，让孩子尽快适应学校的作息时间；复习旧课，把上学期学的重点知识再温习一下；预习新课，为新学期的学习做好准备等。

135. 寒暑假最容易拉开孩子的差距

> 培养好习惯：拉开孩子学习上的差距。
> 适当做家务：拉开孩子责任心的差距。
> 户外多运动：拉开孩子意志力的差距。
> 管理好时间：拉开孩子时间观的差距。
> 外出去旅游：拉开孩子筹划力的差距。

[诠释]

①培养好习惯：拉开孩子学习上的差距。假期是培养孩子学习习惯的最好时期，其重要性远超过学多少新知识。假期应该养成的习惯有复习的习惯、纠错的习惯、预习的习惯、阅读的习惯、做作业的习惯等。

②适当做家务：拉开孩子责任心的差距。在孩子的成长过程中，家务劳动与孩子的动作技能、认知能力的发展及责任心的培养有着密不可分的关系。在假期中，孩子有更多时间、更多精力与日常生活打交道，父母可利用这个机会给孩子上上"生活课"，将每天的家务劳动转换成一种学习的体验。

③户外多运动：拉开孩子意志力的差距。父母和孩子一起利用假期尝试一项或多项体育运动，不仅能让孩子身体更健康，更重要的是能锻炼孩子的意志力和专注力。

④管理好时间：拉开孩子时间观的差距。如果孩子没有良好的时间观念和计划，一旦脱离约束，再想纠正就非常难了。因此，父母帮助孩子利用假期培养管理时间的能力，是非常有必要的。时间管理的概念对孩子来说过于抽象，父母要从四个方面入手：一让孩子列出每天必须做的事和想做的事，二让孩子将自己要做的事按照重要性划分级别，三让孩子根据必要事和重要事给时间做预算，四让孩子按计划认真落实每件事。

⑤外出去旅游：拉开孩子筹划力的差距。在假期，不少父母会选择带孩子外出旅游。要想让孩子从旅游中学到更多知识，就要好好利用这个机会，让孩子参与旅游景点的攻略，参与旅游预算的计划，准备旅游途中必备物品的清单，了解

136. 开学前，请帮孩子收收心

开学前，家长要逐渐减少孩子的娱乐活动，调整作息时间，检查孩子的假期作业，带孩子挑选学习用品；同时，还要让孩子总结上学期得失，制订下学期计划，预习下学期的学习内容。

[诠释]

当暑假或寒假接近尾声时，父母要帮孩子收收心，准备迎接新学期。不过收心是个循序渐进的过程，所以家长最少要提前一周让孩子进入学习状态。

①逐渐减少孩子的娱乐活动。孩子的控制力差，靠自己来减少娱乐活动的频率不太现实，所以家长得亲自出马。一方面要让孩子少玩，甚至是不接触电子产品，从游戏中抽离出来；另一方面要减少孩子出门找伙伴的频率，以免孩子之间互相影响。

②调整作息时间。最好提前一周，让孩子按照上学时的规律来调整作息时间。一要让孩子早睡早起，按照上学的上课时间来实施；二要减少玩手机、看电视、打游戏的时间，回归学习状态；三要全家人以身作则，保持良好的饮食规律，避免孩子身体不适。

③一起检查假期作业。和孩子一起检查假期作业，一能让孩子提前进入学习状态，告诉他马上就要开学啦；二可查漏补缺，让孩子复习之前的知识；三是为孩子上学期的学习画一个圆满的句号。

④带孩子去挑选学习用品。开学前，最好给孩子换个新的文具盒，购买笔、作业本、橡皮、参考书等。带孩子去挑选新的学习用品，既能激发孩子的学习兴趣，让他产生对新学期的期待，还能体现父母对孩子学习的重视。这个仪式感虽然花费不多，但让孩子很受用。

⑤总结上学期得失，制订下学期计划。家长和孩子一起回顾上学期的得与失，哪些方面退步了，哪些方面进步了。这既是让孩子查漏补缺，也是为下学期的学习计划作铺垫。然后一起制订下学期的学习计划，可让孩子自己先提目标，家长

在一旁补充纠正。这样既让孩子心里有数，又体现了父母对孩子的尊重。

⑥预习下学期的学习内容。预习可以帮助孩子更快地收心，进入学习状态。随着互联网线上教育的发展，孩子可以通过线上教育，预习新知识；也可以下载新学期的书本提前了解课程纲要，为新学期做好准备。

137. 考生家长做到自自然然就好

> 考前，家长适度紧张是正常的，也是有利的，无须担心，自自然然就好；考中，家长不要过度关心，一如平常，自自然然就好；考后，家长要肯定孩子的努力，也要肯定自己的付出，一切水到渠成，自自然然就好。

[诠释]

大多数家长在中考或高考前，都会说一句话：孩子，别紧张，正常发挥就行了。然而作为父母，你紧张吗？你看起来不紧张，说明你做得很好。也许你的心里，或许焦虑，或许正在经受紧张的煎熬。笔者认为，这都是正常现象。如果此时家长一点儿也不紧张，反而说明你一点儿不在意孩子的成长，也表明你不是一位称职的家长。

或许有的家长会说，那叫一点儿紧张啊，就差自己披挂上阵了。即便如此，也请家长不要担心，你的紧张对孩子的考试没有太大影响。且适度的紧张，是有利于营造良好的考前氛围的。因此，家长不需要刻意去消除这种紧张，当家长努力去消除紧张感时，有可能会更加紧张。

适度紧张是正常的，也是有利的，但事情往往是过犹不及。人们常说家长是孩子的定心丸，然而考前最需要定心丸的是父母自己。作为过来人的父母会更加担心，反而增加了紧张的气氛。一位家庭教育专家送给考生家长四个字——一如平常，也就是在自然状态中默默为孩子做事情，不要刻意改变，不要过度关心，做到大爱无痕。

另外，家长还要做好对孩子考试失利的准备，对于考试成绩的预判，要基于孩子本人，要与孩子先前比较，与其他孩子没有关系。家长不要在比较中心态失衡，这样既伤害了孩子，又伤害了自己。家长要肯定孩子的努力，也肯定自己的付出，一切都是水到渠成，自自然然就好。

138. 高三家长由陪考到备考的转变

> 陪考父母：做好后勤工作，重视与学校沟通，搜集高考信息，调整自己心态。备考父母：帮助制订计划，督促孩子落实，分析成绩得失，关注孩子心理。

[诠释]

当今高三家长大多都能成为陪考父母：做好后勤工作，重视与学校沟通，搜集高考信息，调整自己心态。但有智慧的家长应该进一步提升自己成为备考父母：帮助制订计划，督促孩子落实，分析成绩得失，关注孩子心理。实现由陪考到备考的转变，要做到以下六点：

①心平气和。高三阶段，大考小考比较多，对于分数，家长要正确看待。考得不好时，家长不要责骂，应心平气和地和孩子一起分析考不好的原因，从中发现不足，和孩子一起制订下一阶段的学习计划。

②家庭和谐。高三阶段家里聚会、应酬应尽量少些，给孩子营造一个轻松愉悦的家庭环境。父母双方也要保持家庭气氛的和谐，即使有了矛盾也应该缓一缓、放一放。应讲究家庭民主，尽量尊重孩子的选择和意见，如有不同的看法，可在孩子冷静下来之后再协商解决。

③缓解放松。其实，让孩子将所有的精力都集中到学习上并不一定是好事。适当让孩子在学习之余做一些力所能及的劳动，比如扫扫地、洗洗碗等，更有利于让孩子的大脑得到缓解与放松。

④杜绝唠叨。父母要有意识地避免唠叨，和孩子交流时尽量言简意赅，嘱咐孩子做某件事时，最好不要重复两遍以上。

⑤经常交流。不少家长和学校联系较少，不太了解孩子在学校的表现。高三这一年，家长一定要经常和班主任、任课老师进行沟通，看看孩子的成绩在哪个层次水平，对孩子心中的烦恼要及时疏导。

⑥赏识信任。要学会赏识孩子，善于发现孩子的闪光点。要经常对孩子说"你能行""你是好样的"。对孩子的每一个优点、每一次进步，家长都应给予鼓励和赞扬，以增强孩子的自信心。

教子立志篇

　　教子立志是指教育孩子树立远大的志向和提高孩子的综合素质。它包括培养孩子成为什么样的人以及为实现其志向而努力奋斗的路径。本篇的教子立志内容主要有：

　　家教的重点不在培"智"，而在培"志"，培养孩子的核心竞争力，让孩子"志"在健康，"志"在快乐，"志"在安全，"志"在勤奋，"志"在共情。最好的家教，是先放糖，后加盐，再补钙。父母不要打扰孩子"吃苦"的幸福，莫让优裕的生活害了孩子。孩子的心灵成长，需要尊严，需要肯定，需要自由，需要包容，需要梦想，需要宣泄，需要磨难，请父母点亮孩子成长的心灵之灯。

　　坚毅是决定孩子成功的最重要因素。孩子内向不是缺陷，是天赋。请告诉孩子，人的一生，读书比游戏重要，主见比顺从重要，兴趣比成绩重要，人品比能力重要，幸福比完美重要，信仰比崇拜重要，过程比结果重要，察己比律人重要。父母给孩子最大的财富，就是要传递给孩子一种乐观、积极向上和百折不挠的精神。

　　让孩子每天发现自己一个优点。孩子的努力，不是为了赢别人，而是为了不输给自己。再能干的父母，也要在孩子面前表现得"快乐"一点儿、"无知"一点儿、"胆小"一点儿、"和顺"一点儿、"寡言"一点儿，让孩子悄悄变得更出色。

139. 家庭教育的"无为而治"

> 家教的重点不在培"智",而在培"志",让孩子"志"在健康,"志"在快乐,"志"在安全,"志"在勤奋,"志"在共情。

[诠释]

成才教育靠学校,成人教育靠家庭。家教的重点不在培"智",而在培"志",让孩子"志"在健康、快乐、安全、勤奋和共情。家庭教育可以"无为而治",这里的"无为",不是什么都不做,不是什么都不管,而是顺应自然,有所为,有所不为。有为时,踏雪迎春;无为时,静待花开。

① "志"在健康。孩子的身心要健康。有了好身体,才有好未来;有了好心灵,才有好思想。

② "志"在快乐。快乐会化解忧愁,消融痛苦。拥有快乐的人,才能拥有阳光的生活。同时自己的快乐也给别人带来快乐,快乐一生,和谐一方。

③ "志"在安全。要有自我保护意识,也要有不危害他人的意识。百年大计,安全第一。有了安全意识,才能走得更长远,幸福才能更长久。

④ "志"在勤奋。再长寿的父母也管不了儿女一生,孩子具备了勤奋的品质,任何时候都有事做,都有饭吃。勤奋加上学有专长,孩子能生活得更加精彩。

⑤ "志"在共情。共情,不仅关乎与人相处之道,更关乎助人、感恩、善良、仁爱等良好品质的形成。只有共情能力不断增长,才能设身处地体验他人的处境,才能充分感受和理解他人的情感。

140. 培养孩子的责任心

> 培养孩子的责任心,父母一要锻炼孩子独立做事的能力,二要引导孩子做事有始有终,三要鼓励孩子勇敢地承担责任。

[诠释]

责任从来就不是一个人的事,它是通过生命个体与社会共同施爱和被爱、互相感恩构成的。一个生命个体,无论是对自己的家庭成员还是对亲朋好友,都要负责任，这是最基本的做人准则。

调查显示，处在成长阶段的孩子有推卸责任习惯的占60%以上。这并不是说孩子天生性格有问题，也不能因此就认为孩子道德缺失。孩子喜欢逃避责任，主要是由于缺乏信任感。孩子在成长过程中，如果父母给孩子的关爱和理解过少，经常对孩子实施情绪暴力，那么在孩子的潜意识里会形成一种"我要是承担责任，一定没有好果子吃"的想法。这样一来，一旦遇到什么事情，孩子就会千方百计寻求推卸责任的方法，以免让自己受到惩罚。

父母应该如何培养孩子的责任心呢？第一，要有意识地交给孩子一些任务，锻炼孩子独立做事的能力。做事之前父母提出要求，鼓励孩子认真完成。如果孩子遇到困难，父母可在语言上给予指导，但是一定不要包办代替，让孩子有机会把事情独立完成。第二，要引导孩子做事情有始有终。交给孩子做的事情，哪怕是很小的事情，父母也要及时检查、督促并对结果进行评价，以便培养孩子持之以恒、认真负责的好习惯。第三，要鼓励孩子勇敢地承担责任。如孩子不小心损坏了别人的物品，应该让孩子知道是他的过错才造成了这种后果，应当道歉并给予赔偿。

培养孩子的责任心，父母还要注意做到：一要尊重孩子，二要以身作则，三要持之以恒。

141. 父母越位是家教中最大的不幸

> 该走的路，让孩子自己走。父母越位，事事包办，孩子未来的路将不会走得太远。

[诠释]

从孩子出生的那一刻起，他的生命就被倾注了父母无尽的爱与期盼。父母爱孩子无可厚非，但不是所有父母都懂得正确爱孩子的方式。在现实生活中，有不少父母为了孩子能有更好的未来，常常喜欢越位，喜欢事无巨细地包办孩子的一切，对孩子照顾得无微不至。然而这样细心又辛苦的爱，往往会得到适得其反的结果。

父母之爱子，当为之计深远。科学家张亚勤在写给母亲的信中说道："世上有一种爱，叫放飞。母亲对我的爱就属于这种。她不会把我捧在手心，许多事情总让我亲自去做，还说：学会独立，才能放飞。谢谢母亲！在四十多年的人生道路上，是您教我学习、自立、自信、自强，是您教我怎样做人，是您教我如何在航行中搏击风浪，是您的放手让我一次又一次地高飞。"所以，父母在养育孩子的过程中，从小就要正确引导，万万不可事事越位包办，该走的路，让孩子自己走。只有这样，孩子才能飞得更高、飞得更远。

142. 最好的家教：先放糖，后加盐，再补钙

> 先放糖，让孩子顺应天性；
> 后加盐，教孩子直面挫折；
> 再补钙，使孩子独立自强。

[诠释]

一个孩子的成长，需要糖，也需要盐，更需要钙。糖是关爱和鼓励，盐是直面挫折困难，钙是独立自强。在家庭教育的这口大锅里，我们要懂得合理有序地放糖、盐、钙，汤才会营养全面，孩子才会成为一个温暖有爱、富有担当、勇敢坚强的人。

①先放糖，让孩子顺应天性。每个孩子天生都是爱糖的，甜的食物能满足人体对能量的需求，能让人心情愉悦。家庭教育中的糖，就是父母的关爱和鼓励，就像巧克力一样，充满着甜蜜温馨，能让孩子放松身心，找回自己的天性。只要父母舍得用欣赏和鼓励的言语编织成甜蜜的爱，愿意用温暖和包容的深情陪孩子走过童年、少年甚至青年时光，孩子自然会充满信心，在前行的路上成为最好的自己。

②后加盐，教孩子直面挫折。人生总是五味杂陈，有甜蜜，就会有苦涩。在家庭教育这口大锅里，要想孩子成长得丰富多彩，自然也少不了盐这个至关重要的调料。给孩子的教育里加点盐，就是要让孩子明白，生活并不总是一帆风顺的，不可避免地会遇到各种困难和挑战。成长的过程，本来就是一个不断摔倒再爬起来的过程。每一个人都可以从挫折中学到知识、经验和勇气。所以，即使再爱孩子，父母也要在孩子的成长路上撒下一把盐，让孩子提前有切肤之痛，才不会在遭遇挫折时一蹶不振。

③再补钙，使孩子独立自强。让孩子成为一个独立的个体面对生活，补钙是

家庭教育中必不可少的。通过补钙，孩子拥有旺盛的生命力和顽强的适应力，抵挡住生活的风风雨雨。著名教育家卡尔·威特说："重视独立能力的培养，才是对孩子的真爱；而溺爱和娇宠则是形成独立人格的最大障碍，只会让孩子在将来的生活中吃尽苦头。"孩子的独立与自立，与父母的培养分不开。父母只有学会适当地放手，让孩子在生活中尝试"自己来"，才能成就孩子独立自强的人格。

143. 不要打扰孩子"吃苦"的幸福

> 父母臆测的"吃苦"行为，也许在孩子那里就是一种享受。因此，请不要打扰孩子"吃苦"的幸福和体验。

[诠释]

有的父母认为，孩子上学太辛苦了，每天起得早，回得晚，还要做那么多的作业、习题……孩子在父母"太辛苦"的观念灌输下，久而久之，就真以为自己是在做一件多么辛苦的事。其实，父母臆测的"吃苦"行为，也许在孩子那里就是一种享受，是一种生命的体验。父母往往容易忽略孩子在"吃苦"的过程中，正在收获着他们成长的喜悦。

父母爱孩子，天经地义，但爱不能取代生活。适当让孩子了解生活的真相，知晓人间所有的获得必然会有艰辛的付出。学生的主要任务就是学习，学习的本质就是认识新事物，接受新观念，反复识记，掌握知识。这个过程必然枯燥乏味，充满艰辛，甚至其付出和成果不成正比。但是，学习是他们追求美好未来、实现人生价值、达到灵魂自由解放的重要途径。学习阶段的孩子就应该把本职工作搞好，即尽心尽力把学习搞好。父母的职责就是提供有利于孩子学习的平台和环境。因此，请不要打扰孩子"吃苦"的幸福和体验，说不定在孩子不经意的"吃苦"中就孕育着一个美好的未来。

144. 莫让优裕的生活害了孩子

> 该绕的弯路要让孩子绕，该碰的钉子要让孩子碰；
> 该受的苦累要让孩子受，该动的脑子要让孩子动。

[诠释]

当今不少父母教育孩子的做法，不是把孩子培养成了"龙"，而是培养成了"虫"。这主要是因为我们的家庭教育爱的方式不对，有的父母溺爱孩子，对孩子娇生惯养，使孩子丧失自强的信心和能力。

亲子之爱，人皆有之。望子成龙，让孩子将来踏入社会有所作为，也是人之常情。但许多父母不顾客观实际，对孩子有求必应，处处溺爱孩子，使孩子成了养尊处优的"小皇帝""贵公主"。殊不知，这并不是在爱孩子，而是在害孩子。优裕的生活容易滋养孩子的懒惰，溺爱容易消磨孩子的意志，太娇生惯养容易扼杀孩子的奋斗精神，无益于孩子成才。

家庭教育必须补上重要的一课——对孩子进行适当的挫折教育：该绕的弯路要让孩子绕，该碰的钉子要让孩子碰；该受的苦累要让孩子受，该动的脑子要让孩子动。

145. 培养孩子三个核心竞争力

性格好是第一竞争力，身体好是第二竞争力，学习好是第三竞争力。

[诠释]

①性格好。性格好即善于沟通、善于交往、富有爱心。一个人性格好或者不好，最简单的说法就是要有沟通能力，有交往意识，有爱心或爱意。沟通能力主要是语言表达能力，要能够得体地与人沟通、与人说话。交往能力除了要善于说话，还要善于合作。有爱心要从爱自己的父母开始，然后过渡到爱身边的同学朋友，再逐步过渡到爱他人。

②身体好。让孩子的身体变得强壮，要做到"三多三少"，即多运动，少静坐；多睡眠，少熬夜；多吃营养食物，少吃垃圾食品。

③学习好。学习好的总体方法、总体战略是自学。有些孩子成绩不太好，恰恰就是因为他不善于自学。语文的自学需要把文史哲打通，要看文学故事，还要看历史故事。对于数学，除自学数学、预习数学之外，孩子从小就要开始做数学游戏。自学英语最重要的不是记单词，也不是记语法，而是多听。让孩子大量地听英语故事，尤其是观看英语录像、英语电影。

身体好是竞争力的前提，性格好是终极目的，因而也是最重要的竞争力。学习好是性格好、身体好的结果。三个核心竞争力的顺序：性格好是第一竞争力，身体好是第二竞争力，学习好是第三竞争力。

146. 坚毅是决定孩子成功的最重要因素

> 决定孩子成功的最重要因素，不在于我们给孩子灌输了多少知识，而在于我们是否帮助孩子获得了坚毅的性格特质。

[诠释]

无论在何种情况下，比起智力、学习成绩，坚毅是最为可靠的判断成功的指标。如果父母仍认为决定孩子成功的最重要因素是 20% 的智商和 80% 的情商，那就大错特错了。

近年，美国教育学界被一种全新的教育理念所席卷，那就是"Grit（坚毅）"。"Grit"一词在古英语中的原意是沙砾，即沙堆中坚硬耐磨的颗粒。坚毅是对长期目标的持续激情及持久耐力，是不忘初衷、专注投入、坚持不懈，是一种包含了自我激励、自我约束和自我调整的性格特征。决定孩子成功的最重要因素，并不是我们给幼年的孩子灌输了多少知识，而在于能否帮助孩子培养一系列的重要性格特质，如毅力、自我控制力、好奇心、责任心、勇气及自信心等，这些都将影响孩子的一生。

父母应该怎样塑造孩子坚毅的性格呢？一是把挑战摆在孩子的面前。真正的成功往往发生在人们突破边界和障碍的时候。如果你的孩子一直没有机会战胜一些困难，他可能永远不会具备面对挑战的自信。体验冒险和障碍是孩子学习的一个重要途径。二是不要在感觉糟糕的时刻结束。许多人认为，才能是与生俱来的，我们擅长什么或不擅长什么，皆是天赋所致。这可能会导致孩子养成轻易放弃的习惯。其实，即便是天才也需要通过不懈的努力来磨炼自己的天赋，所以要求孩子每做一件事都要坚持到底。三是适时必需的推动。当孩子在学习任何新技能时，适时地推动孩子制订时间表，然后鼓励孩子坚持，督促孩子反复练习。四是拥抱无聊和沮丧。成功很少发生于第一次尝试。事实上，人生通常是一段相当漫长的旅程，并且布满艰难险阻。困惑、沮丧甚至觉得无聊透顶，这些都是旅程的一部分。然而，如果孩子明白学习遇到困难并不意味着他们很笨，他们就会更有毅力坚持下去。与其在孩子遇到困难时直接给他一个解决方案，不如看看他自己能否想出办法解决。

147. 帮孩子克服自卑感

父母帮孩子克服自卑感的方法有改变形象法、语言暗示法、预演胜利法、发挥长处法、储蓄成功法、洗刷阴影法、逆向比较法、降低追求法。

[诠释]

①改变形象法。有自卑心理的孩子，通常具备说话吞吞吐吐、走路畏畏缩缩等特点。父母从说话的音量、走路的姿势入手，便可改变孩子的心态。教育孩子穿着要整洁大方，讲话要爽快清晰，走路要昂首阔步。

②语言暗示法。父母可以有意识地用"你真聪明""你一定行"之类的语言为孩子鼓劲，或者让孩子每天上学之前在心里念上几遍"我一定行"，再满怀信心地去上学。

③预演胜利法。每当孩子遇到困难、不敢接受挑战时，父母可以要求孩子先在头脑中想象完成任务时的胜利情景，这对于帮助孩子战胜恐惧心理，愉快接受富有挑战性的任务，具有立竿见影的效果。

④发挥长处法。父母要善于发现孩子的长处和优势，并为孩子提供发挥长处和优势的机会和条件。

⑤储蓄成功法。父母可指导孩子建立成功档案，将每一次哪怕是非常小的成功与进步都记录下来，积少成多，每隔一段时间就展示出来让孩子看看，这样能使孩子信心百倍地去克服困难。

⑥洗刷阴影法。有自卑心理的孩子遇到挫折与失败通常比一般孩子要多，及时洗刷失败的阴影是克服自卑、建立自信的重要手段。洗刷失败阴影的方法很多，较为常见的有两种：一是父母帮助孩子将失败当作学习的机遇，认真分析失败的原因，从失败中学习和吸取教训，总结经验；二是父母帮助孩子有意将那些不愉快的、痛苦的事彻底忘记，或用成功的经历去抵消失败的阴影。

⑦逆向比较法。我们通常不提倡逆向比较，即用自己的长处去与别人的短处

相比。但对于"羡人之长，羞己之短"的孩子来说，选择别人的短处作为比较的对象，对于消除自卑心理能收到意想不到的效果。

⑧降低追求法。对于学习困难的孩子来说，与其空谈立志，还不如让孩子适当降低追求。目标变得小而具体，则更易于实现。这样一来，孩子会经常拥有成就感，可以更快地进步。

148. 孩子内向不是缺陷，是天赋

内向是孩子的性格，不是缺陷。内向不是劣势，父母要对内向的孩子给予足够的肯定和支持。

[诠释]

不知道从什么时候开始，内向这个词被赋予了贬义的成分：害羞、保守、悲观、孤僻、社交恐惧、沉默寡言等。其实，内向是一个人与生俱来的个性特征，内向和外向并没有好坏之分，无须后天刻意改变。面对性格内向的孩子，父母要做到以下三点：

①不要浪费内向孩子的天赋。瑞士心理学家卡尔·容格认为，人可以从不同的事物中汲取能量，外向的人可以从和他人的相处中得到能量，而内向的人可以从独立的思考中得到能量。这说明内向的人有自己的性格优势，会被内心世界的想法和感受所吸引，善于倾听，善于思考，创造力也会加强。美国有一项针对社会精英的研究发现，内向型性格的英才是外向型性格的英才的三倍；智商越高的人，内向型的倾向就越明显；内向者在创作、艺术、科研等领域有着外向者无法比拟的天赋。

②要把孩子内向的性格当作一个礼物。如果你的孩子喜欢独处，别担心，专注力和观察力往往在独处中形成。如果你的孩子不擅长社交，别强迫，让他慢慢来，他有自己的生活节奏。面对内向的孩子，焦虑和担心是父母最不需要的两种情绪。父母最好的做法就是不要试图改变孩子的性格，不要强迫孩子与他人交流。如果一个内向的孩子在成长过程中因为自己的性格问题使父母感到忧虑和担心，或者被父母有意无意地纠正，那么他就会对自己的性格产生自卑，这种自卑会给他的内心造成很多矛盾冲突，甚至引发心理障碍。

③要对孩子内向的性格给予肯定和支持。如果孩子喜欢独处、喜欢看书、喜欢自己一个人玩，那就顺应他、尊重他，接纳他的这种行为。这样，孩子才会长成他自己最好的样子。

149. 告诉孩子人的一生什么最重要

读书比游戏重要；主见比顺从重要；
兴趣比成绩重要；人品比能力重要；
幸福比完美重要；信仰比崇拜重要；
过程比结果重要；察己比律人重要。

[诠释]

父母之爱子，当为之计深远。一个孩子从呱呱坠地到长大成人，父母要操心的事太多。但不论孩子将来做什么，或是伟大或是平凡，最重要的都是生命的过程。

①读书比游戏重要。父母要告诉孩子，读书很辛苦，玩游戏很快乐，但宁愿你现在多吃苦。现在你为游戏买单，但游戏不会为你的人生买单。你读书所学到的知识，就是你拥有的武器。读书是条很长的路，走下去会很累，但不走，你一定会后悔。

②主见比顺从重要。父母要告诉孩子，别人说得再好，但你的想法更重要。所以你始终要有做自己的自由和敢做自己的胆量，知道自己想说什么，明白自己想要什么。做一名有主见的孩子，处理好生活中的琐碎小事，处理好与朋友之间的关系，处理好学习上的问题，是父母最大的愿望。

③兴趣比成绩重要。父母要告诉孩子，成绩很重要，但你的兴趣更重要。有兴趣爱好，才能显示出一个人的真性情；而成绩，也不应该作为评价一个孩子的唯一标准。一个人的兴趣，是他的天性，而表现出来的热爱，远远不是成绩所能衡量的。

④人品比能力重要。父母要告诉孩子，人品不好的人，在社会上一定行不通。而人品好的人，举手投足间都会让人备感舒服。人品，在任何时候都远远大于你的能力。能力好，人品好，是极品；能力强，人品差，是毒品。所以任何时候都不能丢失人品。

⑤幸福比完美重要。父母要告诉孩子，虽然人人都想生活得十全十美，但事实上从来没有完美的生活。我们要学会与生活握手言和，幸福在于知足，而缺憾是生活的常态，要么努力去改变，要么坦然去接受。一个人的幸福感，比他追求的完美重要得多。

⑥信仰比崇拜重要。父母要告诉孩子，比起崇拜明星，我更希望你有所信仰。一个人不必有多么崇高的理想，但一定要有信仰的底线。

⑦过程比结果重要。父母要告诉孩子，成功是一个旅程而非目的地，过程远比结果更重要。人生的美好，在于每一处风景、每一个笑容。要懂得适时停下来，要学会去欣赏。

⑧察己比律人重要。父母要告诉孩子，比起要求别人，我更希望你常从自己身上找原因。善于察己的人，往往活得更高级。人难免会犯错，犯了错误并不可怕，可怕的是不懂得反省自己、改正错误，因为这样很容易迷失真正的自我。凡事从自己身上找原因，才能成为更优秀的自己。

150. 精神教育是给孩子最大的财富

父母给孩子最大的财富，就是要传递给孩子一种乐观、积极向上和百折不挠的精神。把这种精神传承给孩子，胜过任何物质上的给予。

[诠释]

玉不琢，不成器。父母不教育孩子，纵使是良质美玉，孩子也不会成大器。父母给孩子最大的财富不是金钱，而是精神教育。

父母传递给孩子的乐观、积极向上和百折不挠的精神，胜过任何物质上的东西。精神是一种可以流传的东西，可以作为传家宝代代流传下来。回首那些兴盛了几百年的大家族，无一不是有自己的家风、家训，有自己家族的精神，这才是最珍贵的东西。在曾国藩的家训中，"穷"是"善身"之道，给儿孙再好的教育，都不如让他亲自去感受一下成人世界的"不容易"。越是富家子弟、官宦人家，越能勤俭自律，能在物质生活上主动跟贫寒之士一样，这样的孩子将来才有可能成大器。可见，父母真正地爱孩子，不是为他们遮挡一切风雨，而是教会他们如何经历风雨，让他们去流汗、去流泪，学会在无人撑伞的雨中奔跑。

151. 让孩子自立自强

> 孩子从小不仅需要得到关爱，更需要得到自立和自强的培育。

[诠释]

当孩子来到父母生活中的时候，是不是很像个流浪汉？孩子没有能力，很弱小，需要父母施舍，需要父母帮助。有的父母就真的把孩子当成了流浪汉，当成了乞丐，他们把衣服给孩子穿好，把碗筷端到孩子面前，把金钱塞在孩子手里……然后对孩子说："看，是我辛辛苦苦地在养你。"于是，孩子真的就变成了流浪汉和乞丐。在父母日复一日的施舍中，孩子慢慢地失去自信，失去尊严，失去生存的能力。

孩子来到父母身边的时候，他们确实弱小，确实需要帮助，但需要的绝不是施舍。他们从小不仅需要得到关爱，需要得到自立和自强的培育，更需要得到希望和梦想。因此，从现在开始，父母就要学会放手。

152. 点亮孩子成长的心灵之灯

> 孩子的心灵成长需要尊严，需要肯定，需要自由，需要包容，需要梦想，需要宣泄，需要磨难。

[诠释]

①"把头抬起来"——心灵成长需要尊严。人的心灵世界是靠尊严支撑的。尊严的丰碑树立起来，人的一生就会创造辉煌；尊严的丰碑一旦倒塌，心灵就会被践踏。

②"孩子，你真棒"——心灵成长需要肯定。每个人都希望自己能被人肯定，每个孩子都喜欢被父母赞扬。很少得到父母肯定的孩子，在成长过程中缺少满足感和成就感，这对孩子的身心健康极为不利。

③"你的奇思妙想真不错"——心灵成长需要自由。想象力比知识更重要，因为知识是有限的，而想象力是知识转化的源泉。培养孩子有创造性的想象力，需要一个自由、宽松的空间。

④ "我已经原谅你了"——心灵成长需要包容。是孩子就可能会犯错，父母要给孩子改错的机会。每个孩子都是在不断犯错、知错、认错、改错中成长的。孩子犯了错，要允许他改正。包容能培养孩子的情怀，使他不回避错误又能善解人意。父母的包容是孩子心灵的港湾。

⑤ "放飞你的梦想"——心灵成长需要梦想。孩子天生都有梦想，童年是梦想的故乡。一个人心中拥有了梦想，就会在希望中生活，并不断地创造生命的奇迹。父母应当精心保护孩子的梦想，因为任何一个人的成功都是从梦想开始的。

⑥ "我听你说"——心灵成长需要宣泄。每个人心中都会产生不满，这种不满情绪要有发泄的渠道。如果孩子从小就学会化解心中的烦恼，也就取得了进入快乐大门的钥匙。

⑦ "跌倒了，爬起来"——心灵成长需要磨难。人只有经历了磨难，方能成大器。孩子在人生路上遭遇挫折与失败时，正是考验孩子的极好时机。作为父母不要沮丧，不要埋怨，只要对孩子说声"跌倒了，爬起来"。

153. 培养有主见的孩子

> 信任孩子，鼓励孩子，让孩子自主做事，自己提出意见，自己做出选择，是培养孩子有主见的有效途径。

[诠释]

主见是一个人对于事物有着自己的分析和见解。从3岁开始，孩子的主见意识逐渐建立，有了自己的想法，有了自己的喜好需求。有的孩子缺乏主见的原因主要有两点：一是父母喜欢将孩子的事都安排得妥妥当当，这样会导致孩子变得没有主见；二是父母对于孩子提出的想法不予理睬或是横加反驳，这样会让孩子慢慢失去自信，不知道应该怎样去做才好。

如何培养有主见的孩子？第一，不做强势的父母。强势的父母一味地让孩子学会服从，孩子遇到事情时会无所适从。父母只要在孩子能做的事情面前示弱，孩子就会表现得有想法，这对提高孩子的自信心非常有帮助。第二，让孩子自主去做事。在孩子成长的过程中，会经历大大小小的各种事情，父母要让孩子自己去思考，去分析，去做事。如在两三岁时就要孩子自己穿衣，在四五岁时就要让他做家务等。第三，让孩子学会表达意见。对孩子提出的好的意见要多鼓励支持，对不好的意见则要说明不好的原因，并引导孩子进一步思考应该怎样做。第四，鼓励孩子自己做出选择。在一些孩子自己的事情上，父母要给孩子选择权，最好给孩子提出多种选择，让孩子自己做出决定。

154. 不要培养"不会犯错的孩子"

> 孩子犯错并不可怕，可怕的是孩子不敢去尝试。孩子需要父母的引导，而不仅仅是保护和限制。

[诠释]

父母在教导孩子时，一般都要求孩子不要犯错。只要孩子错了一点点，父母就立即叮咛与矫正，生怕孩子再做错事。其实这不是最好的教育方式。孩子就像是一个天生的科学家，凡事喜欢探索与尝试。成功值得赞扬，但犯错也不是一件坏事。孩子犯错并不可怕，可怕的是孩子不敢去尝试。

孩子需要父母的引导，而不仅仅是保护和限制。请不要努力培养"不会犯错的孩子"，却忽略了保护孩子的天赋，最后反而会扼杀孩子主动学习、勇于尝试的天性。

155. 让孩子每天发现自己一个优点

> 父母从现在开始，就要行动起来，多鼓励孩子，让孩子每天发现自己一个优点，以增强孩子的自信心。

[诠释]

一位小学老师在班里做了一个调查：让同学们写出自己的优点和缺点。统计结果出乎意料，大多数同学罗列出了七八项缺点，优点却写得很少。究其原因，这与父母总是用自己孩子的短处去和别的孩子的长处相比有关。

不少孩子在父母的长期数落和斥责中，普遍觉得自己没有别人聪明，认为自己身上没有什么优点，比不上别人。其实，每个人都有自己的优点，只是有时父母没有发现罢了。父母要学会发现孩子身上的优点，对孩子多一些赞扬和鼓励，少一些训斥和指责，这样才能使孩子健康成长。

中国有句老话叫"取人之长，补己之短"，意思是学习别人的长处，弥补自己的不足。但同时父母也应善于发现孩子的优点和优势，增强孩子的自信心。从现在开始，就要行动起来，多鼓励孩子，让孩子每天发现自己的一个优点。

156. 努力不是要赢别人，而是为了不输给自己

努力不是要赢别人，而是为了不输给自己。有赢有输，才是真正的人生。

[诠释]

我们身边有很多孩子，小小年纪就有一颗好胜心，不管做什么事，总是希望自己比别人做得好，希望获得周围人的认可和父母的赞扬。但是作为父母，我们一定要让孩子知道，好胜心是一把双刃剑。适当的好胜心是孩子前进的动力，在一定程度上可以促进孩子全面进步和发展，但好胜心太强的孩子往往会求胜心切，一旦不能取得胜利的时候，就难以承受失败带来的心理压力。输不起的孩子，一旦输给了别人就会情绪低落，难以用客观的态度看待问题和吸取教训，而当他取得了胜利，又容易骄傲自满、盲目自信。这种孩子是很难有所成就的。

父母必须要教会孩子客观看待输赢，正确看待名次和成绩，否则将会酿成大错。请务必告诉孩子：你不一定要赢，但一定要学会如何体面并且有尊严地输。教育家杜威说："失败是一种教育，知道什么叫'思考'的人，不管他是成功或是失败，都能学到很多东西。"

父母请务必告诉孩子：我们的努力不是为了赢别人，而是为了不输给自己。所有的输和赢，都是人生成功的偶然和必然。努力奋斗的真正意义，不是为了赢别人，也不是为了成为谁，而是为了离我们的目标更近一步，成为更好的自己。要记住，有赢有输，才是真正的人生。

157. 让孩子悄悄变得更出色

> 假如希望自己的孩子将来能超越自己，那么再能干的父母，也要在孩子面前表现得"快乐"一点儿，表现得"无知"一点儿，表现得"胆小"一点儿，表现得"和顺"一点儿，表现得"寡言"一点儿。

[诠释]

以下五种行为，父母只要多做一些，就能让孩子悄悄变得更出色。

①做个"快乐"的父母。父母在进家门之前，务必提醒自己：忘掉所有工作上不愉快的事情，现在开始承担的是父亲或者母亲的角色了。孩子需要自己的父母很快乐，千万不要把与孩子无关的坏情绪转嫁到孩子身上。当孩子兴致勃勃地告诉父母他今天在学校得到了一颗五角星或是小红花的时候，一定要和孩子一样高兴并表扬他。

②做个"无知"的父母。当孩子来问"这个字怎么念"时，最好不要马上就告诉他，而是说："哎呀，我也不认识，我们一起查字典，好吗？"这样几次之后，就教会了孩子使用字典。当孩子来问问题时，父母多一点儿"无知"不失为一个很好的办法，鼓励孩子动脑筋，去依靠自己的力量解决问题。

③做个"胆小"的父母。当孩子在考试前或做什么比较重要的事情之前表现出胆怯时，父母最好很轻松地对孩子说："我也曾是个胆小鬼。不管你做得怎么样，都不要担心，爸爸妈妈像你这么大的时候还不如你呢。"这时，孩子心里会很有底气和自信，就会发挥得比平时好。

④做个"和顺"的父母。淡定，淡定，再淡定。当孩子告诉父母今天考试没考好时，父母最好表现得让孩子看不出情绪变化，让孩子把卷子拿出来，和孩子一起分析错在哪儿，最后还要记得鼓励孩子："你看，你弄明白了，下次考试就不会再错了。"

⑤做个"寡言"的父母。简短语言＋沉默＞唠叨。在孩子面前，要注意控制语言的数量，千万不要唠叨。事实上对孩子最有用的是父母的沉默。所以，与其唠唠叨叨地对孩子说个没完，不如用简短的语言告诉孩子他所犯的错误或应该注意些什么，接下来你的沉默肯定比继续说话更有用。

教子明礼篇

　　教子明礼是指教育孩子懂礼貌、守礼节的规则和道理。它包括培养孩子学会做人、形成良好性格及讲究文明礼仪等。本篇的教子明礼内容主要有：

　　家庭教育最重要的是立人，父母要帮助孩子扣好人生第一粒扣子，培养具有美好心灵、美好心态、美好心志的孩子。

　　孩子可以不优秀，但绝不允许没教养。教孩子孝敬父母，教孩子懂得感恩，教孩子学会管理时间，培养孩子的敬畏心，引导孩子度过青春叛逆期。性格、情绪比学习成绩更重要。让孩子养成良好的就餐习惯。

　　低声说话，是父母给孩子最大的尊重。读懂孩子，化解父母与孩子的代沟。学会"甩手"教子，让孩子受点委屈。学会给孩子道歉。

　　千万别错过教育孩子的有效期，不要打着"释放天性"的旗号，害了孩子。让孩子少点任性，多些个性，要善于向孩子的任性说"不"。孩子犯错时不要轻易原谅，要把孩子的缺点转化为优点。

158. 家庭教育最重要的是立人

教育孩子懂礼貌、守规则、关心人、有主见、敢认错，是家庭教育的重要责任。

[诠释]

鲁迅说："教育是要立人。"当下，成绩已经不再是衡量一个孩子是否优秀的唯一标准。孩子有下列五个表现，说明父母教育得好。

①懂礼貌。懂礼貌的孩子，言语得体，行为有分寸，人见人爱。对孩子的礼貌教育，父母应做到：一要做好礼貌待人、与人为善的榜样，孩子会在潜移默化中学习。二要教孩子基本礼貌用语和使用场景，如：见人问好；请求帮忙多用"请""麻烦"；受人帮助与恩惠，及时表达感谢；等等。三要教会孩子一些公众场合的礼仪，如：不随意打扰别人，不喧哗吵闹等。

②守规则。一个孩子能否自觉遵守各种规则，是他从家庭顺利进入学校最终顺利进入社会的重要前提。从孩子3岁开始，父母就应该有意识地教孩子规则。不管是家庭中的规矩，还是学校里的规则、社会上的各项法规，都要耐心地跟孩子解释清楚。要明确告诉孩子什么是正确的行为，什么是错误的行为。再和孩子一起坚定执行，不投机取巧。若孩子违背了原则，一定要给予适当惩罚。

③关心人。善良和关心他人，对孩子来说是一堂重要的人生课。懂得关心他人的孩子，内心有爱，有同理心，懂得感恩。在生活中，父母在爱孩子的同时，也要教育孩子爱别人。懂得关爱他人的孩子，将来也会收获他人更多的关爱。

④有主见。从古至今，父母和老师总是喜欢听话的孩子，其实这是教育的一个误区。在生活中，大多数听话的孩子都是缺乏自我意识的，别人说什么他也跟着说什么，别人做什么他也跟着做什么。而有主见的孩子，自我意识强，知道自己想要什么，不想要什么，勇于质疑，坚持自我判断，从不随波逐流。这样的孩子，将来更能成就一番大事。因此，父母一要允许孩子做他自己喜欢的事，多给孩子表达意愿的机会，多倾听孩子的想法；二要多用启发性的提问，引导孩子积极思考；三要让孩子参与到家庭各项事务的讨论中来，多给孩子锻炼的机会；四要信任孩子，不过分控制孩子，多让孩子自己做决定并承担相应的后果。

⑤敢认错。孩子敢于承认错误，是有责任感和是非观的体现。孩子年龄小，

成长过程中难免会犯这样或那样的错误,父母要理性看待,不过分苛责孩子,要让孩子明白承认错误并不丢脸。此外,孩子犯错后,父母不能一味地维护孩子,应该及时让孩子明白自己错在哪里,该怎么弥补。重点教他不管犯什么错,都要勇于承认错误,并积极承担自己错误行为的后果。

159. 扣好孩子人生第一粒扣子

> 每一个优秀的孩子背后,必有一个优秀的家长。扣好孩子人生第一粒扣子,关键在父母。

[诠释]

孩子犹如一张白纸,父母就是画师。到底画出一幅什么样的图画,关键是父母怎么画。

家教是什么?家教是对孩子的言传身教,是对孩子的谆谆教导。这其中最核心的不是学习,而是做人的原则与根本。比如:做事的态度;对各种规矩的敬畏与遵守;按时上下学;不说谎,不作弊;对老师、长辈的尊重;对同学及其他人的帮助关心;等等。好的家教,好的习惯,都必然会影响孩子的方方面面。优秀的孩子,往往是全方位的优秀,不一定什么都是第一名,但他会让周围的人喜欢。每一个优秀的孩子背后,必有一个优秀的家长。反之亦然,每一个熊孩子的背后,必有一个熊家长,只是我们很多家长浑然不知而已。

孩子的成功与否,实际上取决于孩子能否管好自己,管住欲望。优秀是一种习惯,这些习惯不可能是一天就能培养起来的,需要日积月累,需要言传身教,是从小一步一步逐渐培养起来的。一些孩子出现问题,就是父母以孩子还小为由,没有扣好孩子人生第一粒扣子的原因。甚至有一些父母,把这第一粒扣子扣歪了,造成终生难以挽回的悔恨。

160. 低声说话,是父母给孩子最好的礼物

> 跟孩子低声说话,不仅降低了说话的语调,还能抚平父母那颗浮躁的心。

[诠释]

平日里，父母教育孩子，总是说着说着，不知不觉就提高了嗓门。孩子常常根据父母音量的高低，来判断事情的严重性。当孩子犯错时，父母大吼大叫，结果无非两种：一是孩子被父母吓住了，满脑子的恐惧感，根本没心思去思考为什么错了，只盼着父母赶快结束训斥；二是孩子被父母激怒了，大吼大叫予以回击，也不考虑错在哪里，只想着如何跟父母对着干。但当父母压低声音、语调平静地教育孩子时，孩子对父母也就没有那么多的恐惧和抵触，这时候再跟孩子讲道理、辨对错，效果就会好许多。

心理学家对表达哪些事情该用怎样的声调进行研究后发现，处理同一件事情，不同的声调会收到不同的效果。父母低声调批评孩子，更容易被孩子接受。这是因为：低声调可以使父母更理智一些，情绪更平和一些，使孩子抵触、逆反的心理防线更松弛一些，更有利于沟通。父母低声批评孩子，不仅可以集中孩子的听力，而且也可避免孩子使用高声调反抗。

对于许多父母来讲，一点儿不去批评孩子是很难做到的，也是不可取的。因此，批评前请父母三思：运用什么样的语气和措辞教育孩子，效果会更好？批评时要就事论事，不要随意对孩子发泄情绪，不要使用伤害孩子自尊心的言语。跟孩子低声说话，不仅降低了说话的语调，还能抚平父母那颗浮躁的心。

161. 惯子如杀子

惯子如杀子，溺爱害孩子。
你要真爱子，科学教育子。

[诠释]

父母都知道溺爱孩子是不对的，但又分不清爱和溺爱的区别，不知不觉就会加入到溺爱的行列。下列是十种典型的溺爱方式，来看看你有没有犯。

①特殊待遇。孩子在家庭中的地位高人一等，事事优先，处处特殊照顾。这样的孩子必然自感特殊，习惯于高高在上，易变得自私自利。所以，父母应从日常小事抓起，不要让孩子产生特殊的优越感，更不要让孩子形成"以我为中心"的意识。

②过分注意。家里的大小事务都围绕着孩子转，孩子一直是家庭的中心。当上学后，孩子不再是大家关注的中心，就会受到很大的打击，从而失去自信心。所以，父母应学会适度放手，让孩子自己解决问题，让孩子自己完完整整地体验生活。

③轻易满足。不管孩子要求是否合理，要什么就买什么。哪怕家里已经堆积如山，只要孩子喜欢照样收入囊中。这样会使孩子变得不珍惜物品，过于讲究物质享受，随意浪费和不体贴他人。所以，当孩子提出无理要求时，父母不要轻易满足。孩子撒娇要买玩具，父母也不要爽快答应，可以让孩子讲讲购买的理由，如果理由充足，可酌情购买。

④生活懒散。孩子饮食起居、玩耍学习没有规律，想怎样就怎样。这样的孩子上学之后，写作业注意力不集中，做事三心二意，会严重影响孩子的学业。长大后缺乏上进心，做人得过且过，做事有始无终。所以，父母要让孩子从小养成良好的行为习惯。

⑤祈求央告。有的父母总是祈求孩子吃饭、睡觉、学习等，然而孩子的心理却是：你越央求我，我越扭怩作态。长此下去，孩子必然是非不明，叛逆心理严重。所以，父母尽管不能强迫孩子做事，但也不能随意放纵；可以商量，可以征求意见，但不能无原则纵容。

⑥包办代替。有的孩子三四岁了还要家长喂饭，还不会穿衣，七八岁了还不做任何家务。这样包办下去，必然会失去一个勤劳善良、能干上进的孩子。所以，父母要培养孩子"自己的事情自己做"的意识，试着放手让孩子做力所能及的事情。

⑦娇里娇气。孩子一生气，父母就立马上前安慰；孩子一摔倒，父母就怨天怨地。这样教育孩子，会使孩子遇事推卸责任，容易产生错误都是别人造成的错觉，从而变得懦弱。所以，父母在确保孩子安全的情况下，少一些担忧，多一些鼓励。在孩子摔跤后不要大惊小怪，而是让孩子自己爬起来，从而改变其懦弱胆怯的性格。

⑧剥夺独立。有的孩子总是跟着父母一步不离，睡觉搂着，出门抱着。这样的孩子性格孤僻，容易养成依赖心理，不会与人沟通。在家里横行霸道，到外面胆小如鼠，造成严重性格缺陷。所以，父母在对孩子做好安全教育的同时，更要锻炼孩子的独立能力。

⑨害怕哭闹。孩子一哭，父母就让步；孩子一闹，父母就妥协。当孩子一次

次通过"哭闹"尝到甜头后，一旦遇到父母不让步、不妥协，就会以哭闹要挟父母。这样会在孩子心中播下自私、无情、任性和缺乏自制力的种子。所以，父母要有意识地训练孩子的延迟满足能力，不要让孩子形成一种要风得风、要雨得雨的感觉。

⑩当面袒护。有时爸爸管孩子，妈妈护着；父母教育孩子，爷爷奶奶干涉。这样的孩子时时有"保护伞"和"避难所"，孩子会变得巧言令声，其后果是不仅造成孩子性格扭曲，有时还会造成家庭不和睦。所以，父母要不断提升自己的教育意识，至少做到当一个人教育孩子时，其他人不要参与进来，事后父母之间再进行单独沟通交流。

162. 读懂孩子，化解父母与孩子的代沟

> 父母养育孩子也是一种职业，"上岗"前首先要读懂孩子，既要宽松要求、相互尊重，又要及时沟通、学会接纳。

[诠释]

父母与孩子由于生理、心理、角色差异等原因，难免会产生一定的代沟。化解父母与孩子的代沟的最好办法，就是要读懂孩子。但一些父母在对待孩子的问题上，认为孩子有什么值得研究的，不就是个"小不点"嘛。其实不然，孩子是一部厚厚的教科书，很难读懂，却又必须读懂。要真正读懂孩子，需从以下几点入手：

①宽松要求。适当降低对子女的要求。父母对子女要求过高，会形成孩子心理上的重压，不利于孩子的成长。父母应给孩子创造宽松和谐的环境，不能完全按照自己的好恶标准来要求与评价孩子。

②相互尊重。青春期的少年渴望独立，对事物具有一定的批判、评价能力，不愿事事听命于大人，他们迫切需要得到父母和周围人的尊重。过多插手孩子的事务容易使孩子产生抵触情绪，因此，父母要给孩子适当留出一片"情感自留地"。

③及时沟通。交谈是最好、最直接的沟通方式，父母应主动创设谈话情境，营造交流氛围，多与子女"以心换心"。这种交谈必须建立在双方平等的基础之

上，父母最好是以朋友的身份参与其中，切忌用封建家长式的态度居高临下地训斥孩子，否则会使彼此间的距离越拉越大。

④学会接纳。在家庭生活中，父母要学会接纳孩子的主张和建议。但这种接纳不是被动的，而是在真正弄清其是否合理之后，或完全接纳孩子的主张和建议，或将双方的意见相互融合、取长补短。对于孩子提出的不合理之处，一定要耐心解释，加以引导。

163. "小聪明"的孩子长大最没出息

> 爱贪小便宜的孩子、爱推卸责任的孩子和不守规则的孩子，小时候看似机灵，长大后却最没出息。

[诠释]

父母在教育孩子的时候，不要只看眼前的利益，要为孩子的长远利益打算。孩子聪明当然是好事，但千万不要停留在"小聪明"上。以下三种孩子，小时候看似机灵，长大后却最没出息。

①爱贪小便宜的孩子。喜欢占别人小便宜，却不让别人在自己身上得到一丁点儿好处，这样的人注定会被别人疏远和冷落。爱贪小便宜绝不是一朝一夕养成的，很多人在小时候就已经初露端倪。孩子的很多习惯都来源于对大人的模仿，如果父母想培养一个落落大方、广受欢迎的孩子，那么就要给孩子做好表率，一些小便宜坚决不能占。

②爱推卸责任的孩子。有的孩子犯了错，首先想到的不是承认错误、吸取教训，而是推卸责任。找借口推卸责任，是孩子的本能反应。如果父母没有及时觉察到孩子的这种错误，没有给他承认错误的机会，那孩子就有可能将说谎变成一种习惯，不愿意为自己的错误承担责任。长大之后，孩子也很难成为一个有担当的人。

③不守规则的孩子。孩子不守规则，也许短时间内可以让自己获得利益，但是从长远来看却不是明智之举。一个连规则都不能遵守的人，又凭什么能获得别人的信任呢？

164. 培养"三美"孩子

> 有品行——具有"美好心灵";
> 很阳光——具有"美好心态";
> 能自立——具有"美好心志"。

[诠释]

培养"三美"孩子,是一个家庭的幸福。什么样的孩子是"三美"孩子呢?

①有品行,即具有"美好心灵"的孩子。有品行最基本的是善良,家庭教育要重在培养孩子向善的本性。让孩子学会做人,拥有爱心,做一个品行端正的人。

②很阳光,即具有"美好心态"的孩子。乐观和坚强,是阳光孩子的主要特征。面对漫漫人生,面对坎坷曲折,乐观的心态和坚强的精神,永远是照亮人生道路的心灯。培养孩子良好的心态,是家庭教育的重要一环。

③能自立,即具有"美好心志"的孩子。孩子自立,一是自己的事自己做,二是自己的事自己做主。在自立的实践中,培养孩子的责任意识、担当意识。从小教育孩子学会劳动,培养生存能力,是家庭教育的必修课。

165. 男孩养"三气",女孩修"三容"

> 男孩必养"三气":大气、胆气、志气。
> 女孩必修"三容":笑容、宽容、仪容。

[诠释]

①家有男孩,必养"三气"。第一,3岁养大气。在孩子2岁的时候,自我意识刚刚觉醒,对事物的独占心理很强,所以根本不具有分享意识,长到3岁之后才慢慢懂得分享的道理。在这期间父母一定要给孩子足够多的耐心,引导孩子学会分享。第二,8岁养胆气。父母可以多带孩子出门,让孩子有机会和伙伴交流,慢慢打开心门。第三,12岁养志气。父母要想儿子从男孩变成真男人,就要"劳其筋骨,磨其意志,顶其自信,炼其体力"。通俗地说,就是能吃苦、能受累,要独立、要有志。

②家有女孩，必修"三容"。第一，5岁养笑容。父母要从小教会女儿微笑，这可以触发快乐感觉，驱散阴霾。女孩爱笑，会给周围的人一种有活力、有朝气的感觉，这样的女孩不仅在情感上更容易胜人一筹，还可以拓宽自己的人际圈子。第二，8岁养宽容。父母要教会女儿学会宽容，学会原谅，这会为她的生活打开新局面。第三，12岁养仪容。父母与其花大钱让女儿讲究穿戴，不如教育她有好的仪容，好的仪容胜过百万财富。

166. 孩子将来不孝顺的四个信号

一些父母很多时候只想着怎样让孩子变得优秀，却常常忽略了教孩子孝顺。一个从小就孝顺父母的孩子，未来一定会更加美好。

[诠释]

许多父母用尽全力让孩子成才，却往往忽略了教育孩子要孝顺。如果发现孩子有下面这四种行为，父母就需要及时引导了。

①顶撞父母。顶撞父母，惹父母生气，这是孩子不孝顺最常见的表现。当今很多家庭孩子较少，所以父母往往对孩子百依百顺，爷爷奶奶也很宠惯他们。一旦没有满足孩子的某些要求，孩子就会顶撞父母。当孩子开始顶撞父母时，父母就应该反思一下是不是自己真的有哪些地方做得不好。如果真的是孩子开始耍小性子了，父母就要心平气和地和孩子谈一谈，多问问孩子为什么不开心，为什么唱反调。父母一定要耐心教导孩子，让孩子摆正心态。

②不懂感恩。在一些家庭里，孩子习惯了接受家人给予的关怀与爱护，会认为家人对自己的爱是天经地义的，却不知道如何去爱家人、去孝顺父母。父母教育孩子懂得感恩，可以从这几点着手：不要对孩子付出太多、干预太多；不要为孩子打理一切事务；不要让孩子吃"独食"；不要"有求必应"，更不要"无求先应"；不要让孩子喜欢的东西来得太容易；父母要给孩子做出榜样，给孩子"回报"的空间。

③霸占东西。父母是出于对孩子无私的爱，才心甘情愿地把一切好的东西都让给孩子。这样造成很多孩子觉得自己是家里的"小皇帝""小公主"，好吃的、好玩的当然应该全部归自己才对，所以凡是家里有自己喜欢的东西，就一定要独

占。这些孩子眼里只有自己，没有他人，这样的孩子很难成为一个孝顺的人。

④推卸责任。有不少家庭的孩子盛气凌人，一点儿都说不得。很多事情，孩子明明知道是自己做错了，但愣是把责任推得一干二净，还把出错怪在父母头上。如果不及时纠正，孩子长大后也不会有担当。

167. 教孩子孝敬父母

孝敬父母是一切道德的基础，故让孩子有孝心是教育孩子做人的根本。

[诠释]

孔子曰："孝悌者，为人之本也。"孝为"百德之首，百善之先"。孝敬父母包括子女对父母的亲爱之情、敬爱之心、侍奉之行。培养孩子的孝敬之心，父母要做到以下四点：

①要建立合理的长幼有别的家庭关系。所谓"合理"，是指全体家庭成员之间首先是民主平等的，父母要尊重孩子的独立人格，尤其是在处理孩子自己的事情时，一定要充分听取孩子的意见，尽可能按孩子合理的意愿办事。同时，家庭又是一个整体，不能各自为政，总要有人当家长，来"领导"家庭。父母是家庭生活的供养者，而且有丰富的生活经验，自然应当成为家庭的核心和主事人。

②要让孩子了解父母为他和家庭所付出的辛苦。父母应当有意识地经常把自己在外工作和收入的情况告诉孩子，说得越具体越好，从而让孩子明白父母的钱来之不易。这样，孩子会珍惜自己的生活，也会从心底里产生对父母的感激和敬重。

③要从小事入手培养孩子孝敬父母的行为习惯。教育子女孝敬父母的一般要求是：听从父母教导，关心父母健康，分担父母忧虑，参与家务劳动，不给父母添乱。要把这些要求变为孩子的实际行动，父母就应当从日常一些小事抓起。如：要求孩子每天问候下班回家的父母；当父母生病时，孩子应主动照顾，多说宽慰话；孩子应承担一些家务劳动；等等。这样有利于孩子不断增强孝敬父母的观念。

④父母要以身作则，做孝敬长辈的楷模。孩子对待父母的态度，直接受父母对待长辈态度的影响。因此，父母不仅要管好自己的小家庭，还要时刻不忘照顾好年迈的父母。日长时久，孩子耳濡目染，潜移默化，也会逐渐养成尊敬长辈、孝敬父母的好习惯。

168. 孩子可以不优秀，但绝不可以没教养

> 穷养、富养，不如教养。人有教养，行走八方；人无教养，寸步难行。

[诠释]

一个人的能力决定了一个人飞得高不高，一个人的教养决定了一个人飞得远不远。可见，孩子的教养是他长大成人的基本因素，而教养是从小就要开始培养的，是受父母的家庭教育方式影响的。因此，在孩子成长的每一步，父母都需要特别关注孩子的教养问题。

在缺乏教养的孩子身上，都有着共同点：以自我为中心，把粗暴当作勇敢，把愚昧当作学识，把可笑当作幽默，把口无遮拦当作直爽。而有教养的孩子会做到：见人微笑问好；懂得分享；信守承诺；不在背后说人坏话；不随便动他人物品；不轻易对别人的东西做负面评价；当遇见别人发生窘迫时，能用正确的方式帮忙化解；他人讲话，认真聆听，不轻易打断；对人有礼貌，懂得说"谢谢"；在安静的公共场合，不大吵大闹；等等。

其实，一次礼貌的让座，一句贴心的问候，一身整洁的衣服，一手工整的笔迹，都是孩子有教养的表现。对于父母而言，当你每天讨论穷养、富养孩子的时候，其实都不如教养来得实在。

169. 教孩子懂得感恩

> 做人要感恩。让孩子学会感恩，其实就是让孩子学会懂得尊重他人。

[诠释]

懂得感恩，是一个人的核心品质之一，也是一个人自我意识的关键基础。父母都希望自己的孩子能够常怀感恩之心，然而在很多孩子眼里，父母的含辛茹苦、别人的爱心相助似乎成为理所当然。从道德层面看，这是由孩子缺乏感恩之心所导致的后果。

在孩子的成长过程中，懂得感恩的表现形式有两种：一是表达感恩，二是感受感恩。培养孩子的感恩之心，首先就需要让孩子学会表达感恩，而表达感恩就

要从学会说声"谢谢"开始。当父母递给他一杯水时，当别人送给他一件礼物时，父母就要教会孩子说声"谢谢"。孩子学会说"谢谢"，并不意味着他就懂得了感恩，但却可以为他播下一颗感恩的种子。

如今的孩子生活在一个物质极为丰富的时代，如果孩子一有某种需求，马上就能得到满足，那么孩子就会失去生活中最美好的一样东西——期望，而期望之情往往会带来感恩之心。孩子想要得到一件东西时，期望的时间越长，他得到之后的欣喜之情就会越浓厚，感恩之心就会越强烈。所以，为了培养孩子的感恩之心，父母不要轻易满足孩子过多的需求。

通常，人们对自己的亲朋好友甚至是陌生人，比对自己的家人更容易表达感恩。有些时候，家人之间表现得过于客气，确实也会让人感觉不太习惯。不过，如果要让孩子从小懂得感恩，父母就要尽可能在家里营造一种感恩的氛围。同时，父母也需要对孩子表达的感恩给予愉快的接受和积极的回应。最为重要的是，父母在对孩子实施感恩教育的过程中，应秉持"以身作则"的原则，要始终做好表率。

170. 培养孩子的敬畏心

培养孩子的敬畏心，让孩子懂得自律与理智，树立规则意识，是孩子一生的福气。

[诠释]

何谓敬畏心？敬畏心是指一个人对某种事物保持的一种尊重、畏惧的态度。这种"敬"是对事物发自内心的尊重；"畏"是对自身行为的一种警示和自省。敬畏，能让孩子自律与自觉，因为"敬"会有所为，它告诉人应该怎么做；"畏"又会有所不为，它警告人不该做什么。这不仅是一种人生态度，也是一种行为准则，是人生的大智慧。

敬畏，是人类童年时期萌发的一种基本情感。事实证明，有敬畏心的孩子比较容易遵守规则，听师长的话，对人恭敬，理性正直，将来走向社会也更容易成功。而缺乏敬畏心的孩子则好冲动，做事情肆无忌惮，随心所欲，长大后很容易失去生活和道德的底线，甚至会做出一些伤天害理之事。

有人认为当今社会的孩子缺乏独立与感恩，其实"敬畏心"才是这个时代孩子真正的稀缺品。父母养育孩子，不是单纯地满足孩子的要求，不能只看重孩子的学习，而要培养他的敬畏之心，懂得自律与理智，树立规则意识。只有这样，孩子将来才不至于误入歧途，输掉整个人生。

父母懂得培养孩子的敬畏心，是孩子一生的福气。一个真正成熟的人，才会在敬畏中获得智慧和力量，然后走得更稳，行得更远。怀揣一颗敬畏之心，才能在自己生命的天空中飞得更高，翱翔得更久。作为父母，也许你的见识不够渊博，无法给孩子高深的知识，也许你不够富有，无法给孩子优厚的生活，但起码你可以给孩子一颗"敬畏之心"。

171. 教孩子学会管理时间

> 管理时间是孩子自己的事。父母要加强孩子的时间意识，让孩子学会计算时间、分配时间，懂得遵守时间，做一个守时惜时的人。

[诠释]

管理时间是孩子自己的事。父母要教育孩子懂得遵守时间，懂得管理时间，做一个守时惜时的人。同时父母还要教育孩子应该尊重他人的时间。

①父母要加强孩子的时间意识。和孩子说话的时候，要有意识地带上时间。如"7点了，该起床啦""10点要出门，我们要提前准备好"等。父母也可在家里的醒目地方放一个时钟，这样更容易让孩子感受到时间的流逝。

②让孩子学会计算时间和分配时间。父母可以陪着孩子估算一下，一天要做的每一件事都需要多少时间。对于幼儿阶段的儿童，父母可以和孩子一起，记录做每件事情的开始时间和结束时间，最后计算出每件事花费的时间。对于小学三年级以上的孩子，父母可以先让孩子预测一下做某件事花费的时间，事后再记录下来。预测得准，就画个大笑脸；预测得不准，就画一个哭脸。这样，孩子就对做事花费的时间有一个深刻的印象。孩子学会了计算时间，就有能力对所要做的事进行时间上的合理分配。

③要让孩子对不遵守时间造成的不良后果负责。父母要让孩子知道，这是他自己的时间，需要自己管理。如果自己不守时，那就要承担相应的后果。例如，

一个妈妈每天早上都要催促孩子起床上学,孩子总是磨磨蹭蹭。妈妈天天喊着"快点,要迟到了"丝毫不起作用。有一天,妈妈对孩子说:"我再也不催你上学了,但是我每天早上七点半准时开车出门。"结果第二天,孩子还在磨蹭,妈妈到时真的开着车走了。这样一来,孩子知道不守时的后果,之后就再也不用妈妈催促了。

172. 性格、情绪比学习成绩更重要

> 父母不能只关注孩子的学习,更要关注他是否拥有良好的性格和稳定的情绪。

[诠释]

当今大多数父母都特别重视孩子的教育,但实际上重视的角度有误区。许多父母只重视孩子的学习成绩和身体健康,却忽视了心理健康;只重视智力的开发,却忽视了人格的培养。有些父母甚至将性格和情绪的培养完全抛之脑后。

有相当一部分父母把孩子放在第一位,他们总是自己省吃俭用,却对孩子过分满足。在这样的环境里长大的孩子,往往会养成为所欲为的性格。等到孩子再大一点儿,父母对他的期望值就逐渐高起来了。如果孩子的表现不能让父母满意,有的父母就会指责、训斥孩子,亲子关系开始出现紧张状况:一方面,父母加强了控制,不让孩子"脱轨";另一方面,孩子出现了反抗,要摆脱父母的控制。在这种高压下的不宽松、不民主的家庭氛围里,容易出现两种典型状况:一种是打骂,另一种是唠叨。无论是哪一种,对孩子性格、情绪的培养都是不利的,即使是那些在学业上能满足父母期望的孩子也不例外。虽然他们的学习成绩不错,但性格、情绪不好,可能会活得很累,感到很压抑。这种累不是身体上的,而是心理上、精神上的。心理学上把这种状况叫作"情绪饥饿"。

因此,父母不能只关注孩子的学习,也要关注他是否拥有良好的性格和稳定的情绪。父母要做到:一是爱孩子但不溺爱,关心孩子但不过度;二是要给孩子营造一个民主、和睦的家庭氛围;三是要让孩子多参加群体活动,多交一些伙伴。

173. 孩子是父母的"复印件"

> 父母一定要注意自己的一言一行，别忘了在你的身边，孩子正在用一双纯真无邪的眼睛默默地注视着你，模仿着你。

[诠释]

孩子是父母的"复印件"。父母永远是孩子的榜样，不管父母在做什么，孩子总是在一旁默默地关注着。在孩子那个不谙世事的世界里，他们总认为自己的爸爸妈妈所做的永远是对的，父母的一言一行每时每刻都在不断地被孩子效仿。在家庭教育中身教比言教更具有决定性的影响。有句俗语"龙生龙，凤生凤，老鼠生来会打洞"，看似调侃，其实从某种意义上说的就是父母是孩子的榜样。

孩子时时刻刻把父母作为自己的榜样，父母的一举一动始终都在潜移默化地影响着孩子。父母是孩子的第一任老师，只有修养高的父母，才能培养出有内涵、有素质的孩子。所以，要想培养出高情商的孩子，做父母的就要从我做起，起到表率作用。这样，孩子才会受到熏陶和感染，才会不断朝着健康的方向发展。

174. 不要打着"释放天性"的旗号害了孩子

> 释放孩子的天性是让孩子自由展现自己，但家长不要打着"释放天性"的旗号，害了孩子。

[诠释]

在公众场合不理会他人的感受，一味放纵孩子的行为，不叫"释放天性"，只能说孩子没有教养。每个熊孩子的背后，一定有不作为的父母。对于孩子的任性和无知，有的父母睁一只眼闭一只眼，这样做的结果就是养了一个没有教养的孩子。

为什么现在很多孩子普遍缺乏规则意识？因为在很多父母眼里，孩子的天性高于规则。孩子的天性就是好动，所以可以跑、可以闹、可以肆无忌惮地喧哗，无视规则，对孩子有害无益。父母要培养孩子的规则意识、自律意识、敬畏意识。这些意识很重要，但却不是每个人天生就拥有的，需要经过逐步训练才能养成。自律是孩子成长的关键，父母想放养孩子的前提是先帮孩子养成强大的"自律能力"。

著名教育家乌申斯基说过："如果你养成了好的习惯，一辈子都享不尽它给你带来的利息；如果你养成了坏的习惯，一辈子都在偿还无尽的债务。"其实，很多父母根本不是"放养"孩子，他们眼中的放养，其实是放弃、是放纵，最后成了犯戒甚至犯法。释放天性，不是说要对孩子的所作所为都听之任之。父母应该给予孩子自由，但这个自由不是无限制、无规则、无节制的，更不是纵容和不作为。在自由面前，必须有一条清晰的界线，即有些事情可以容忍，有些界线则坚决不能跨越。

175. 糊涂的父母与智慧的父母的差异

> 糊涂的父母，总爱伺候孩子；智慧的父母，知道使唤孩子。
> 糊涂的父母，总爱指责孩子；智慧的父母，喜欢激励孩子。
> 糊涂的父母，总爱怀疑孩子；智慧的父母，事事相信孩子。
> 糊涂的父母，只让孩子独享；智慧的父母，要求孩子分享。
> 糊涂的父母，只会放纵孩子；智慧的父母，善于管教孩子。
> 糊涂的父母，只会看重结果；智慧的父母，更加看重过程。

[诠释]

①糊涂的父母心甘情愿做孩子的保姆，事事替孩子代劳。智慧的父母会巧妙地使唤孩子，凡是孩子力所能及的事，就支持孩子自己干；凡是孩子为父母做的事，父母都会欣然接受。孩子从小就被"委以重任"，长大后往往责任感较强，能扛得住事儿。

②糊涂的父母总是在否定孩子，爱用孩子的短处与别人家孩子的长处比较。结果是在否定中长大的孩子，极易对别人充满敌意，自暴自弃。智慧的父母总是在肯定孩子，他们容易发现孩子点点滴滴的进步。在宽容中长大的孩子，将会极富耐心。

③糊涂的父母总爱用怀疑的眼光看孩子，孩子长大后，容易变成言而无信的人。智慧的父母会用信任的目光看孩子，发现孩子身上的闪光点。孩子会努力表现自己积极的一面，生怕失去这份信任。在认同中长大的孩子，将会爱人爱己，善解人意，变得优秀。

④糊涂的父母把物质看得比精神重要，好吃的、好喝的、好用的，先给孩子，看孩子"独享"。在独享中长大的孩子，自私冷漠，眼中没有别人，心中没有父母。智慧的父母从小让孩子在分享中长大。孩子遇事为别人着想，学会了关心，学会了爱，在社会上拥有更好的人际关系。

⑤糊涂的父母对孩子百依百顺，孩子要什么就给什么，孩子想干什么就干什么。于是，孩子从小目中无人、无法无天，甚至违法乱纪，这样坑害了孩子的一生。智慧的父母认为孩子是需要管理的，规矩是需要学习的，习惯是需要培养的。放手不等于放纵，关爱不等于溺爱，帮助孩子从小养成良好的行为习惯，是对孩子的一生负责。

⑥糊涂的父母看重结果，告诉孩子只许成功不许失败，这样的孩子经不起失败。智慧的父母看重过程，与其让孩子面对挫折时感到无助，不如从小摔摔打打，经历失败与痛苦，"撞"出面对人生的勇气和本事。

176. 学会"甩手"教子

> 爱孩子，就要学会"甩手"。"甩手"教子并不代表父母不尽责，反而是对孩子的未来更担责。

[诠释]

当今，做父母的都知道溺爱孩子有害，但却分不清什么是溺爱。俗话说："穷养富养，不如有教养。"在孩子成长的过程中，父母学会甩手是十分必要的。

①教育孩子要趁早，别等孩子长大了，让社会来教育他。有的父母不忍心让孩子劳作，有的嫌孩子做事更费事，还不如自己做。于是，三四岁的孩子还要喂饭，还不会穿衣；七八岁的孩子在家不做任何家务。如此一来，不只掠夺了孩子自我成长的趣味，也无法培养孩子独立自主的意识。

②孩子之间的纠纷，交给孩子自己去处理。在幼儿园或其他公共场所，孩子们在一起玩耍时，难免会弄坏同伴的玩具或者别的同学弄脏了自家孩子的衣服，甚至出现孩子之间推推拉拉的现象。遇到这种情况，只要没有造成严重的后果，父母最好不要插手，孩子之间的事交给孩子去处理，这也是培养孩子人际交往能力的好时机。

③让孩子从小学习做家务，学习自己的事情自己做。有的孩子上了小学仍然饭来张口、衣来伸手。这种保姆式的代理型父母，终究会毁了孩子的一生。

④不要总是指指点点，多让孩子自己探究，哪怕失利。有的父母在孩子学习某件事时，总喜欢在一旁指手画脚，恨不能亲自披挂上阵，直接帮孩子做好了事。但这类父母没有想到，在不让孩子犯错的同时，也让孩子失去了成长的机会。假如孩子学做某事的过程一再被父母打断，那么孩子将永远无法提高亲身体验的才能。

177. 善于向孩子的任性说"不"

> 父母要善于向孩子的任性说"不"。当孩子拿哭闹要挟的时候，父母要坚持四个基本原则：不要骂、不要打、不要说教、不要走开。当孩子收起哭闹，父母可酌情坚持"三比一"原则，即三次满足一次。

[诠释]

儿童教育专家马克·雷诺在谈到孩子的教育问题时曾说："要树立家长的权威，善于向孩子的任性说'不'。"当父母学会了说"不"，就会发现，孩子管起来更容易。孩子在和父母的相处中，一直在不停地总结"经验"，当他发现某种方法能使大人就范时，就会反复使用。父母的一再妥协，就是孩子哭闹要挟的最根本原因。

于是，"打骂教育"深得一些父母的认同。心理学教授钱铭怡在《青少年人格与父母养育方式的相关研究报告》中指出，父母的负面教育会直接影响子女以后的性格。研究中提到，经常遭受打骂的孩子的性格：顽固、冷酷、残忍、独立、怯懦，或缺乏自信心、自尊心，或盲从、不诚实等。显然，打骂这种极度的惩罚方式，是最没有用的手段，只会让孩子背离父母的初衷。

心理专家李玫瑾教授一直强调，孩子6岁之前家长要学会说"不"，但不是靠打骂来让孩子屈服。她认为，3岁以前的孩子哭闹是因为痛苦，3岁以后的孩子哭闹则带有一定的目的性。所以，当孩子懂得拿哭闹来要挟父母的时候，父母要坚持四个基本原则：第一，不要骂，否则会给孩子留下不文明的印象。第二，不要打，否则会让孩子产生恐惧心理。第三，不要说教，孩子正闹着，父母说什么都是噪声，孩子根本听不进去。第四，不要走开，孩子闹给父母看，父母就看着孩子闹，等着孩子情绪平复。当孩子收起哭闹，好好跟你说的时候，要坚持"三比一"原则，即三次满足一次，让孩子知道交流有用，但又不是每次都给，避免形成变相妥协。

178. 引导孩子度过青春叛逆期

在孩子的青春叛逆期，家长要正确认识叛逆，跟孩子讲明道理，耐心倾听孩子的想法，给孩子选择的机会，做好亲子间的沟通。

[诠释]

不少父母感到孩子上初中后不再像以前那样乖巧可爱了，做什么事情都有自己的一套想法，甚至和父母唱反调。其实，这是孩子青春叛逆期到来的表现，父母要帮助孩子渡过难关。

①要正确认识叛逆。一说起孩子叛逆，很多父母就觉得非常头疼，不知道如何教育孩子。其实叛逆是孩子构建自我、寻求独立的途径。父母在教育孩子处于叛逆期的孩子时，不要急于去纠正和批评孩子，更不要情绪激动，要心平气和地和孩子交谈。

②跟孩子讲明道理。有的孩子在叛逆期容易跟父母大吵大闹，这时父母不要和孩子对着干，要跟孩子讲清道理，跟孩子好好说话，让孩子意识到他这样做是不对的。

③耐心倾听孩子的想法。孩子在叛逆期时，父母教育孩子不要心浮气躁，不要用命令的口气跟孩子说话，不要老是对孩子说"不"，要理解孩子，尊重孩子，耐心倾听孩子的想法，并想办法帮助孩子解决问题。

④给孩子选择的机会。处于叛逆期的孩子，往往是父母要他做什么，他总是反着做。为了减轻孩子的逆反心理，父母在教育孩子的时候，可以让孩子做选择，就是用孩子自己所能接受的选择方式，给出两个选项让其选择一个。例如：你是先做作业后玩还是先玩再做作业呢？给孩子选择的机会，更有利于引导孩子做好某件事。

⑤做好亲子之间的沟通。孩子处于叛逆期，父母一定要和孩子做好沟通。在与孩子沟通的时候，不要拿孩子和别人家的孩子比较，也不要拿父母的身份来压制孩子。要平等地和孩子沟通，让孩子觉得父母是尊重自己的，从而愿意和父母

沟通。在沟通时，要逐渐打破孩子的心理防线，减轻孩子对父母的抗拒心理。

179. 千万别错过教育孩子的有效期

> 在教育孩子的有效期内，父母首先应该做的就是陪伴，陪伴可以迟到，但不能缺席；其次应该做的就是管教，管教可以延迟，但不能缺少。

[诠释]

很多父母总是终日奔忙，无暇顾及孩子。当他们终于有一天想要好好关心孩子的时候，突然发现竟然无法与孩子进行有效沟通。

0~3岁是孩子安全感建立的关键期，4~12岁是孩子性格形成的关键期，这些阶段都离不开父母的关爱和陪伴。

在教育的有效期内，父母首先应该做的事情就是陪伴。有些人以为孩子还小，不懂事，对孩子的陪伴少一点，孩子也感受不到，甚至有些人直接把孩子扔给爷爷奶奶带，直到上小学才接到身边。其实你以为"孩子还小，不懂事"的那些年，恰恰是他变得懂事的最重要的时期。

在教育的有效期内，父母还应该做的事情就是管教，让孩子明事理、懂规矩、有教养。在我们身边，大多数的父母对孩子说"不"说得太晚，于是那些教育孩子的最佳时间，也是明辨是非的最好机会，常常被父母不经意间忽略了。一位教育专家说过："父母在该教育和照顾孩子的时候，千万不要借口工作忙，而忽略对孩子的管理。"所以，管孩子要趁早。

如果错过了教育有效期怎么办？第一，陪伴可以迟到，但不能缺席。坦诚地向孩子解释原因，尽量多抽一些时间陪伴孩子，而不是仅仅用物质弥补孩子。第二，管教可以延迟，但不能缺少。耐心地引导孩子明事理、懂规则，尽量尊重孩子多一点，而不是用打骂的方式补上欠下的管教。

180. 学会给孩子道歉

> 当父母在面子和道歉中徘徊时，不妨果断选择弯下腰来，对孩子真挚地说一句："对不起！"

[诠释]

美国教育家斯特娜夫人曾说过："勇于承认错误的父母，远比固执、专横的父母要可爱得多。"可惜，在很多父母的育儿理念里，没有"父母向孩子道歉"这一条。家是最温暖的港湾，如果父母的教育观念里没有"道歉"二字，就会让孩子一次又一次地心生怨恨，孩子将失去温暖的来源。

心理学家罗达·邓尼说过："父母错了，或违背自己许下的诺言时，如果能向孩子说一声对不起，可以帮助孩子建立自尊，同时能培养孩子尊重他人的习惯。"教育家斯宾塞曾说："受委屈的孩子很少会去反省自己有什么过错，因为愤怒和不平占据了他的心灵；而被感动的孩子则常常反省，因为感动增加了他内心的勇气和智慧。"因此，不要吝啬对孩子说"对不起"，父母的一句"对不起"，既能表达自己的歉意，又能感动孩子，让孩子变得更有责任感、更有同理心。

人非完人，父母也会犯错。但只要及时补救，给孩子道歉，对孩子造成的伤害还是可以逆转的。父母向孩子道歉并不是无能的表现，相反，能够道歉的父母才是智者，也是自我教育的佼佼者。不怕父母做错事，就怕不认错。不要怕道歉，只要父母坦诚自己的过错，孩子就会很快原谅父母。当父母在面子和道歉中徘徊时，不妨果断选择弯下腰来，对孩子真挚地说一句："对不起！"

181. 孩子，真的不需要那么乖

孩子，真的不需要那么乖。孩子太乖，会被父母忽略，缺少关心；孩子太乖，会被父母束缚，缺少自由。

[诠释]

在孩子的成长过程中，父母会有意无意地用"乖不乖"来衡量一个孩子的好坏。在家里父母总会对孩子说"你要学乖"，大人在一起聊起孩子，也会互相夸奖"你家孩子真乖"。

然而，心理分析师却给出截然相反的结论：小时候表现得越"乖"越"懂事"的孩子，长大之后心理问题越多；小时候表现得越叛逆越调皮的孩子，长大之后往往心智越成熟。这是因为，乖孩子以获得他人的首肯为生活主导，忽略了自己的真实需求；乖孩子不敢表达自己的真实情绪，容易造成内心的压抑。越"乖"

的孩子依附性越强，独立性越差；越"乖"的孩子越缺乏创新精神，越容易落后于时代的步伐。

孩子太乖，会被父母忽略，缺少关心；孩子太乖，会被父母束缚，缺少自由。孩子，真的不需要那么乖。所以，父母不要太在意他人的看法，让孩子走自己的路吧。

182. 让孩子少点任性，多些个性

> 让孩子少点任性，多些个性。父母要尊重孩子，但不要迁就孩子；要满足要求，但不要无限满足；要给选择权，但不要扩大范围。

[诠释]

培养孩子既有个性又不任性，关键在于父母的教育方法是否科学合理。那么，父母该怎么做呢？

①要尊重孩子，但不要迁就孩子。如果父母不管孩子的要求是否合理而一味拒绝，会导致孩子因合理需求总得不到满足而产生不满情绪，形成不服管教的性格；如果父母对孩子的不合理需求无原则地迁就，容易导致孩子自私自利，不讲道理，任性胡为。

②要满足要求，但不要无限满足。针对孩子提出的要求，父母要与孩子平等对话。父母只有和孩子平等交流，才能了解孩子所提要求的真正原因，才能判别孩子的要求是否合理，才能区分孩子的表现是属于任性还是属于个性。

③要给选择权，但不要扩大范围。父母应在日常生活中培养孩子的自主性和独立意识，如孩子吃什么饭菜、穿什么衣服、玩什么游戏等，可征求孩子的意见。同时，父母不能让孩子随心所欲，应适当给孩子一些限制。这样，孩子才懂得不是所有的要求父母都能给予满足，为了让父母答应自己的选择，必须放弃自己的不合理要求。

183. 把孩子的缺点转化为优点

> 教育孩子，就是一个坚持不懈地将孩子的缺点转化为优点的漫长过程。孩子的身上存在缺点并不可怕，可怕的是父母缺少正确的教子方法。

[诠释]

每一个孩子都有优点和缺点。教育孩子，就是一个坚持不懈地将孩子的缺点转化为优点的漫长过程。孩子的身上存在缺点并不可怕，可怕的是作为孩子人生领路人的父母缺少正确的教子方法。在现实生活中，由于一些父母的粗暴急躁，很多本来可以转化为优点的缺点，成为激发孩子反叛对抗之火的燧石。

①纠正孩子的缺点，需要尊重孩子的人格。即使孩子身上存在很多缺点和不足，父母也应把尊重孩子的人格放在首位。面对有缺点的孩子，父母如果缺乏对孩子的尊重，不仅无助于孩子改正缺点，而且会使孩子内心受到严重的伤害。

②纠正孩子的缺点，需要父母放下架子。父母和孩子做朋友，是尊重孩子、信任孩子的基础。有缺点的孩子在成长的过程中，更渴望父母做自己最值得信赖并能帮助自己的好朋友。

③纠正孩子的缺点，需要培养孩子的自信心。成功源于自信，自信有助于成功。孩子有缺点并不可怕，可怕的是失去成功的自信。只有培养出自信心强的孩子，才能使孩子战胜缺点，走向成功。

184. 让孩子受点儿委屈

父母时不时地让孩子受点儿委屈，受点儿小气，其实是锻炼孩子抗挫折能力的一种方式。

[诠释]

每个父母都爱自己的孩子，但有些父母过度溺爱、迁就孩子，舍不得孩子受一丁点儿委屈。这种"爱"其实会害了孩子。

古人云："苦其心志，劳其筋骨……行拂乱其所为，所以动心忍性，曾益其所不能。"意思是说，使他的内心痛苦，使他的筋骨劳累……使他所做的事不能轻易如愿，通过这些逆境的磨砺，使他的性格坚定，增加他所不具备的才能。而现在有很多父母正好相反。他们对待孩子：悦其心志，只求孩子开心；舒其筋骨，生怕孩子累着；事事顺其所为、遂其所愿。所以，孩子恃宠而骄、缺乏忍耐性也就不足为怪。

孩子做错事能不能受责罚？长年累月的批评、指责、打骂，会导致孩子心理扭曲，这当然是不可取的。但是偶尔的责罚，也是有必要的。十之七八的鼓励，十之二三的责罚，最有利于塑造孩子健康的人格。可见，时不时地让孩子受点儿委屈，受点儿小气，其实是锻炼孩子抗挫折能力的一种方式。正如老话所说：受得了气，才成得了人。

185. 孩子犯错时不要轻易原谅

孩子犯了错，讲道理是有必要的。但更重要的是父母要让孩子为自己的行为负责，让孩子为自己所犯错误付出代价。

[诠释]

父母有一种常见心态：不愿意让孩子受一丁点儿委屈。孩子无论做了什么事，无论怎么做，尤其是在犯了错误的情况下，父母轻易就原谅了孩子，甚至以年龄还小为由予以袒护，纵容其错误行为。

孩子做错事给别人带来了伤害，或者侵犯了别人的权益，要赔偿、要道歉，这没有错，这是孩子为自己的行为负责所必须做的。但对于孩子而言，更重要的是要从错误中吸取教训，明白事理，学会纠正和防范错误行为。如果孩子的错误不能被及时纠正，父母面临的将是不断升级的道歉和赔偿。

轻易原谅和袒护孩子等于纵容，父母的疼爱可能会给孩子带来长久的伤害。很多父母认为，我给孩子讲道理了，他说听明白了，也保证下次不再犯了。这样还不够吗？当然不够。讲道理是有必要的，父母要告诉孩子做错事的后果，告诉他社会的规范或行为准则。但更重要的是让孩子为自己的行为负责，让他为自己所犯错误付出一定的代价。无论是接受惩罚还是做出补偿，必须让孩子亲自体会、亲自行动。这样，孩子才能印象深刻。

父母需要思考怎么看待孩子的错误。如果父母把孩子所犯错误看成污点，当作耻辱，就会尽量回避错误、掩饰错误、否认错误；如果父母把孩子的错误看成必然经历的适应社会过程中的不恰当尝试，就会告诉孩子：人生就是在不断的试错中找到正确的方法，做出正确的行为。孩子犯错的时候，恰恰就是为父母帮助他成长、进步提供了机会。父母一定要抓住这个机会引导孩子彻底改正错误。

186. 教育孩子守住"四个底线"

> 父母一定要教育孩子守住"四个底线",即身体的底线、生活的底线、感情的底线和生命的底线。

[诠释]

①守住身体的底线。父母要让孩子记住,没有任何一样东西值得用身体去交换,不要为任何事去出卖和伤害自己的身体。孩子要谨记,一生最重要的功课,就是先学会珍爱自己的身体。身体底线这道盔甲,一定要自己来守。

②守住生活的底线。父母一定要告诉孩子生活的底线:未来一定要有经济独立的能力。用独立、自尊、自爱来铺设自己最舒服的生活方式。

③守住感情的底线。父母要告诉孩子,爱是相互的,从来都不是一个人付出,另一个人索取。爱情不是全世界,没有人值得你去放弃自己,无底线地委屈自己,甚至牺牲自己。不要把你全身心的爱,作为礼物慷慨给予别人,不要把爱浪费在不需要和受轻视的地方。所以,爱别人前要先爱自己。

④守住生命的底线。父母要告诉孩子,生命是条单行道,绝不会有重来的机会。生命高于一切,没有什么物品能比生命更重要。人的一生中,难免会遇到伤心事,但不管遇到多大的伤心事,都不能选择终结生命。

187. 让孩子养成良好的就餐习惯

> 吃饭是小事,就餐习惯是大事。父母要从小培养孩子专心进餐、独立进餐、限时进餐的好习惯。

[诠释]

好的进餐习惯不仅能够帮助孩子远离疾病,而且有利于孩子身体的健康发育。可见,从小培养孩子的进餐习惯非常重要。

①打造和谐的用餐环境。每到饭点的时候,父母要轻言细语地给孩子讲话,切忌大喊大叫、乱发脾气,以免骤减孩子的食欲。

②养成良好的就餐习惯。父母要告诉孩子,在吃饭的过程中,应该保持安静,

要专心地坐在那里吃饭，不能边吃饭边做其他事情。

③培养独立的进餐能力。在孩子自己可以掌筷拿勺时，父母就要放开手脚，让孩子自己学习吃饭，并让孩子自行选择菜肴。千万不要追着喂孩子或想着法子哄孩子吃饭。

④规定一定的吃饭时间。在孩子吃饭的时候，父母不妨规定一下孩子的吃饭时间，要让孩子重视时间这个概念。如果超过时间，不管孩子是否吃好，都要"狠心"地让孩子停止用餐，中途也不能吃零食。只有让孩子付出吃饭磨蹭"挨饿"的代价，才能有效培养孩子良好的就餐习惯。

188. 培养孩子的餐桌礼仪

真正的教养，要从餐桌礼仪开始培养。孩子在餐桌上的言行举止，是孩子走向社会的名片。

[诠释]

餐桌礼仪非常重要，因为餐饮是我们生活中必不可少的社会活动。孩子在餐桌上的言行举止，是孩子走向社会的名片。餐桌礼仪的养成，是父母留给孩子非常有价值的无形资产。

在餐桌上，越来越多的父母特别关注孩子的营养，却对孩子的教养关心甚少。我们见惯了孩子吃相上的不雅：有把盘里的食物挑来拣去的，有看到喜欢的菜肴不顾一切往自己碗里夹的，有喝汤时吧唧着嘴呼呼有声的……对此，一些父母却见怪不怪、一笑置之。

当父母忽视了孩子的餐桌礼仪，也就关闭了孩子展示自己的一扇门。在餐桌上，孩子通过坐姿、动作、神态、表情、目光等，已经用无声的、丰富的语言告诉人们，孩子的父母是对生活充满自信的成功者还是消极对待人生的失败者。

教子才艺篇

  教子才艺是指教会孩子一门或几门才艺，让孩子成为一个多才多艺的人，如教孩子唱歌、跳舞、乐器、绘画、书法、体育等。本篇的教子才艺内容主要有：

  孩子在成长过程中，爱好很重要。孩子学才艺，贵在精而不在多。尊重和培养孩子的兴趣爱好，是父母至关重要的职责。做父母最重要的责任，就是随时帮助孩子修正前进的方向，及时发现孩子的优点和兴趣并加以引导，做孩子成功路上的"推手"。父母让孩子选报兴趣班，要尊重孩子的兴趣爱好，考虑孩子的年龄特征，注重孩子的性格特点，关注孩子的学习动态，尊重孩子的调整选择。

  让孩子学习书法，年龄不宜太小，应注意孩子学书法的姿势、习惯与态度。父母在指导孩子学习绘画的过程中，不仅要引导孩子认真学习绘画的基本技法，更重要的是要充分发挥孩子的想象力，画出自己对生活、对所观察事物的细微感受和对未来的畅想。

  学一门乐器是对孩子最好的"富养"，从小接受乐器启蒙的孩子，成年后无论作为专业还是作为喜好，都能为幸福生活助力，为人生之路添彩。教孩子唱歌，要选准歌曲、分析歌词、注意细节、变换形式、反复练唱。孩子开始学舞蹈，应该在7～10岁之间，如果进行专业舞蹈的学习，10岁以后最佳。

  孩子参加球类运动好，父母要鼓励孩子多参加体育运动。培养孩子的口才，父母要锻炼孩子说话胆量，提高孩子表达能力，训练孩子速读水平，注重孩子背诵训练，教导孩子科学练声。

189. 孩子成长过程中，爱好很重要

> 每个人最好要有自己的特长，至少要有自己的爱好。专注投入兴趣爱好的孩子，就好像开启了人生的另一扇窗户。

[诠释]

世界上没有差生，只有差异生。世界是丰富多彩、千姿百态的，这正是幸福之本源。每个人最好要有自己的特长，至少要有自己的爱好。专注投入兴趣爱好的孩子，就好像开启了人生的另一扇窗户。父母帮助孩子找到爱好，可以做如下尝试：

第一步：列出爱好。让孩子找一张白纸，列出 5~10 个自己喜欢做的事情。要尽量写得详细一些，比如喜欢阅读小说，尤其是推理小说；喜欢跳舞，尤其是拉丁舞；喜欢养花，尤其是养木本花卉……这会让他更好地了解自己。

第二步：找到爱好。从列表中找到 1~3 个孩子相对比较喜欢的事情，鼓励他长期坚持去做。比如孩子说爱好读书，但是一个礼拜都不去翻一页书，这不是真正的爱好。

第三步：积极尝试。告诉孩子要有积极的生活态度，有愿意尝试的勇气。大胆尝试是一件非常美好而不浪费时间的事情，就算找不到自己的爱好，也至少了解了自己，知道自己不喜欢什么。

第四步：持续学习。教孩子抱有好奇和持续学习的心态。很多事情孩子不喜欢的原因很简单，因为他不会。不识字又怎么会爱上阅读呢？不会游泳又怎么会喜爱游泳呢？人都是喜欢做自己做得好的事情，当孩子持续学习获得进步时就会越来越喜欢去做这件事。拥有持续学习精神的人才会有爱好傍身，一生乐趣多多。

190. 尊重孩子的兴趣爱好

> 兴趣是孩子最好的老师。尊重和培养孩子的兴趣爱好，是父母至关重要的责任。

[诠释]

著名作家张洁说过，任何一种兴趣都包含着天性中有倾向性的呼声，也许还包含着一种处在原始状态中的天才的闪光。兴趣是孩子最好的老师，有了兴趣就成功了一半。因此，尊重和培养孩子的兴趣爱好，是父母至关重要的责任。

孩子虽小，但也有着鲜活的思想和情感，即使孩子的兴趣显得简单、幼稚，父母也不能因此而无视它的存在。父母需要做的是，尊重孩子的兴趣，主动接受孩子的兴趣，不要把大人的兴趣强加在孩子身上。实际上，尊重孩子的兴趣，就是让孩子拥有快乐，也是父母给孩子的最好礼物。

兴趣进一步发展，则成为终身为之奋斗的志向。儿童兴趣爱好非常广泛，但保持时间短，特别是新鲜劲儿一过或遇到困难便会退缩、回避。所以，培养正当爱好和兴趣，对一个孩子成才至关重要。对于孩子表现出的正当爱好和兴趣，父母除了要尊重，还要注意：一要根据孩子的性格、气质选择最适合孩子的项目；二要循循善诱，步步深入，使孩子的爱好相对稳定，在多种爱好中形成一个中心爱好；三要为孩子从小提供良好的成长环境，逐渐引导孩子形成健康积极的兴趣爱好；四要珍惜孩子的好奇心，要耐心、仔细地引导孩子打开创造性思维的大门，以满足孩子的兴趣和求知欲。

191. 做孩子成功路上的"推手"

父母最重要的责任，就是随时帮助孩子修正前进的方向，及时发现孩子的优点和兴趣点并加以引导，做孩子成功路上的"推手"。

[诠释]

经常听一些父母抱怨：供孩子吃，供孩子穿，让孩子上特长班，给孩子提供学习唱歌、跳舞、乐器、美术、书法、球类等多种受教育的机会，叫孩子却不知感恩，不好好学习，真让人失望。发出这样感慨的父母，其实忽略了最重要的一点：当父母为孩子选择特长班的时候，是否尊重了孩子？

其实，我们每一个人都有自身的优点和兴趣关注点。有些人成功了，是因为他们从事了自己最擅长的行业，将自身潜能最大限度地激发出来，做到"爱一行，干一行"，世界上大多数成功人士的成长道路都是这样的轨迹。

有些孩子对音乐比较敏感，有些孩子对美术比较擅长，父母逼迫孩子在自己不擅长的领域"拼搏"，必然事倍功半。其实不是因为孩子不努力，而是因为父母替孩子选错了方向。方向错了，越是努力，离成功的目标也就越远。父母最重要的责任，就是尊重孩子的选择，随时帮助孩子修正努力的方向，及时发现孩子的优点和兴趣点并加以引导，做孩子成功路上的"推手"，而不是把孩子当成"盲人"，父母去做"导盲者"。

192. 合理选报兴趣班

> 父母让孩子选报兴趣班，要尊重孩子的兴趣爱好，考虑孩子的年龄特征，注重孩子的性格特点，关注孩子的学习动态，尊重孩子的调整选择。

[诠释]

当今，不少父母在孩子三四岁的时候就开始考虑给孩子选报兴趣班。让孩子从小参加兴趣班学习无可非议，但很多父母在为孩子选报兴趣班时，往往带有很大的盲目性。这样不仅达不到预期的目的，还有可能挫伤孩子的学习兴趣，为孩子以后的学习和发展埋下隐患。那么，父母怎么帮孩子选报合适的兴趣班呢？

①要尊重孩子的兴趣爱好。父母首先要明白，自己是帮孩子选报兴趣班，不是给自己报的。顾名思义，兴趣班是孩子有兴趣才选报的学习知识和训练技能的辅导班。如果孩子的兴趣班由父母决定，孩子就可能会半途而废。所以，帮孩子选报兴趣班的时候，要从孩子的实际出发，尊重孩子的兴趣指向和兴趣发展水平。

②要考虑孩子的年龄特征。三四岁的孩子肌肉和骨骼发育还不成熟，不要过早地让孩子学习技巧性比较强的项目，如年龄太小的孩子不适合弹钢琴、拉小提琴、练书法等项目的学习。对于七八岁的孩子，可以给他们挑选一些运动性、参与性、趣味性强的项目，比如游泳、舞蹈、武术、手工制作等。这些项目的学习不仅可以激发孩子的兴趣，对于开发孩子的大脑也有好处。

③要注重孩子的性格特点。有的孩子生性安静，父母可以让孩子参加围棋、绘画等兴趣班。有的孩子性格外向，父母可让孩子参加弹钢琴、唱歌之类的兴趣班。

④要关注孩子的学习动态。不少父母为孩子选报了兴趣班后，就撒手不管了，这样不利于孩子的学习。父母要随时关注孩子在兴趣班的学习情况，了解孩子的学习动向。有的孩子往往在一开始学习的时候热情很高，但学到半途就会出现懈怠状况。遇到这种情况，父母要了解孩子为什么会出现这种状况，是孩子失去了学习兴趣，还是对老师的教学不适应？如果是孩子缺乏毅力，父母要及时鼓励，引导孩子坚持下去；如果是孩子不适应老师的教学，父母要及时在孩子厌学之前结束课程。

⑤要尊重孩子的调整选择。如果孩子实在不愿意继续在某个兴趣班学下去，父母应尊重孩子的选择并坦然接受，应允许孩子尝试和调整兴趣指向，不要"一条道走到黑"。

193. 孩子学才艺，贵在精而不在多

> 孩子才艺要早些学，少而精为好。如果学得太晚或者学得太杂，时间上会紧张，也会贪多嚼不烂。

[诠释]

让孩子学点什么才艺，一直是很多父母头痛的事。盘点那些比较热门的少儿艺术或特长班，主要有钢琴、小提琴、跳舞、画画、播音主持、跆拳道、剑道、游泳等。这么多种类，似乎没有不想学的，但真要让孩子学习起来，一要花钱，二要花时间。所以，父母要冷静思考，精心选择。

在选择时，父母首先要搞清不同的课程有不同的学习特点。一些才艺是动的，一些则是静的；一些才艺是短期学习即可，一些则需要长期学习；一些才艺是孩子单独学即可，一些则需要父母一方也跟着学，回家好督促孩子一起练习才有效果。才艺的最佳开始学习时间为 3~10 岁，在 7 年的时间里可以选择 2~3 种学习，最多不要超过 4 种。一旦确定下来，一般不建议中途退场，至少要坚持一种才艺的长期学习，以达到精通。一般孩子到小学五年级后，其课业压力就会增大，语文、数学、英语的学习会挤占孩子的大量时间。所以才艺要早些学，少而精为好。如果学得太晚或者学得太杂，时间上会紧张，也会贪多嚼不烂。

194. 孩子学书法的要旨

> 练书法不但可以掌握一种技能，还可以锻炼孩子的智力。但书法是一种技巧很高的艺术，孩子学书法需要一步一步地刻苦练习，才能逐步掌握书法的要旨。

[诠释]

练书法不但可以掌握一种技能，还可以锻炼孩子的智力，对孩子进行中国传统文化的熏陶，增强其审美能力，是大有益处的。但书法是一种技巧性很高的艺术，字要写得漂亮，有艺术性，不是一件容易的事，需要经过长期的练习，一下子就想取得成功是不现实的。孩子要按照学习规律，一步一步地学习、练习，才能逐步掌握书法的要旨。

学习书法，年龄不宜太小，一般应在刚上小学时，根据孩子所认识的简单字执笔写字。学书法要由易到难，初学时，要先学"描红"，即将纸覆盖在字帖上照样子描写。这样孩子可以掌握字的间架结构、基本的用笔方法，如怎样起笔，怎样收笔，怎样转折，怎样运用中锋。练字要先学写中楷和大楷，不宜写太大的字。孩子握笔要稳，字写得比较端正时，再"对临"，即边看着字帖边写字。临摹的字帖，应选择收笔明显、平稳的字体，宜学习柳体、颜体和欧体等。孩子学习正楷入门与否，要看他在离开字帖后写的字是否像所临的字体。当楷书学到一定程度后，再开始学习行书、隶书等，进入中学阶段，才适宜学习草书。父母也可给孩子选择一本水平较高的钢笔字帖加以练习，这有助于孩子理解毛笔字的结构。

父母在指导孩子学习书法时，应注意孩子学习时的姿势、习惯与态度。小孩子好动，练习时间不应太长，一般每天能认真地写好二三十个字，再加上重复性的练习就可以了。但不要让孩子"三天打鱼，两天晒网"。为了提高孩子的兴趣，扩大其知识面，可以给孩子讲书法家认真研究书法、取得成就的故事。此外，为了让孩子开阔眼界，要多带孩子参观书法展览和有碑刻的名胜古迹等。

对孩子学书法取得的进步，父母要多给予鼓励。在孩子长进不大的时候，也不要训斥，以免挫伤孩子的积极性。应帮助孩子找出具体原因，使孩子做有针对性的改进。当孩子气馁时，父母可以拿出孩子初学时的练习本，让他通过比较看到自己的进步，以增强其自信心。

195. 孩子学习绘画的关键

父母在指导孩子学习绘画的过程中，不仅要指导孩子认真学习绘画的基本技法，更重要的是要充分发挥孩子的想象力，画出自己对生活的细微感受和对未来的畅想。

[诠释]

儿童美术教育是一种审美的启蒙教育，是以促进儿童全面发展为目的，培养儿童想象力、观察力、记忆力和创造力的教育，是培养儿童从小心灵向上、向善、向美的"心灵教育"。故父母要排除儿童学习绘画以成名成家的功利性目的，不能将儿童美术教育搞成专业教育。

父母在指导孩子学习绘画的过程中，不仅要指导孩子注意对事物的细致观察，适当地学习绘画的基本技法，更重要的是要指导孩子理解生活，充分发挥孩子的想象力，画出自己对生活、对所观察事物的细微感受和对未来的畅想。父母对孩子作画过程中的独特之处，甚至违背客观规律的画作，要学会欣赏，不能讥笑、讽刺孩子的"创造力"。孩子学习绘画，重要的不是学习技法，不是程式化的临摹，而是画孩子的心理体验，画孩子心目中"真实的生活"。仅有技法而无创造性，孩子充其量只是充当一回"画匠"，而难以成为名副其实的画家。

若有可能，父母可利用节假日带孩子游历名山大川，参观名家书画展、艺术馆等，增加孩子的感性经验。孩子年龄稍大时，可和孩子一块儿欣赏古今中外名家的绘画作品集，学习绘画艺术发展史，学会对古今中外绘画艺术美的欣赏，增加孩子对于绘画的理性认识，这对孩子绘画能力的发展是非常有益的。著名漫画家李滨声先生说过，生活、灵感、想象是绘画的基本素质，对于可塑性很强的孩子而言，学绘画首先应从这三个方面入手。

196. 学一门乐器是对孩子最好的"富养"

从小接受乐器启蒙的孩子，成年后无论作为专业还是作为爱好，都能为幸福生活助力，为人生之路添彩。

[诠释]

音乐能使人精致典雅，更能培育一个孩子的内在素养。随着人们生活水平的提高，越来越多的父母在养育子女时，不仅仅限于物质上的给予，而是更多地重视精神层面的"富养"。这也就让越来越多的父母开始关注音乐启蒙，而对孩子来说，最好的音乐启蒙莫过于乐器学习。

孩子从小学习一门乐器，不只是为了获得一技之长，更是有着超越特长本身的深刻内涵。第一，有利于提高审美情趣。儿童时期对于事物美与丑的辨别能力还较为模糊，而此时如果能够让孩子开始学习乐器，用心聆听感受音乐之美，有助于孩子形成独特的气质。第二，有利于大脑功能的发育。有研究表明，在幼儿阶段学习音乐能促进语言的学习，并联结大脑之间不同的"线路"，将熟悉的歌曲和新的信息融合，会给孩子留下深刻的印象。第三，有利于提高肢体的协调性。学习打击类的乐器，必须学会手脚并用，通过四肢的配合来逐渐完善演奏能力，更有利于提高孩子的四肢协调性。第四，有利于提高心理承受力。学习乐器的孩子，在舞台上需要面对观众，需要克服内心的各种畏惧，这种心理压力的承受在孩子的成长中是非常有必要的。第五，有利于培养社会实践能力。学习乐器对于孩子将来的职业发展也有益处，它能让孩子学会专注于"实践"，而通过共同练习也能加强团队意识，更易使孩子学会沟通与合作。

197. "五步"教会孩子唱歌

> 选准歌曲——歌曲健康鲜明；
> 分析歌词——讲清歌词内容；
> 注意细节——调准、吐字要清；
> 变换形式——激发演唱热情；
> 反复练唱——提高歌唱水平。

[诠释]

唱歌是人们生活中不可或缺的一部分。唱歌不单单是一种娱乐，也是一种艺术，同时也是一种启蒙，对孩子的成长很有帮助。那么，父母应该怎样教孩子唱歌呢？

①选准歌曲——歌曲健康鲜明。在日常生活中，有些父母教孩子唱歌时，往

往自己爱唱什么歌就教孩子唱什么歌，或教孩子唱成人歌曲，甚至教孩子唱爱情歌曲。显然，教孩子唱这类歌曲是不可取的。因此，父母在教孩子唱歌时，一要选唱有教育意义的歌曲，二要选唱艺术形象鲜明的歌曲，三要选唱适合孩子特点的歌曲。

②分析歌词——讲清歌词内容。教孩子唱一首歌时，要先告诉孩子歌曲的名称和主要内容，引导孩子安静地听歌曲。在有感情的、生动的示范中，使孩子对歌曲有完美的印象，以激发孩子学习唱歌的愿望。接着领孩子读一两遍歌词，帮助他理解歌曲的内容。然后让孩子跟着学唱，多段体的歌曲可以分段教曲，较难的乐句可以摘句教唱。

③注意细节——调准、吐字要清。教孩子唱歌时，要随时纠正孩子唱歌中存在的缺点，如唱歌姿势要正确，曲调要唱准，咬字、吐词要清楚。

④变换形式——激发演唱热情。父母也可和孩子一起玩唱歌接龙的游戏教孩子唱歌。首先告诉孩子游戏的方法，接着完整地把一首歌曲唱一两遍，让孩子对所学歌曲有一个完整的印象，再逐句教孩子唱。当孩子初步掌握歌曲的旋律和歌词内容后，父母和孩子一人唱一句，直到唱完。这样就能使孩子在学唱时注意力集中，并积极地记忆歌曲的旋律和歌词。

⑤反复练唱——提高歌唱水平。教会一首歌后，要让孩子每天唱一唱。假如父母能用乐器伴奏，不但能使孩子唱准曲调和跟上节拍，还能提高孩子的演唱兴趣。无论是教唱时还是练唱时，父母都应及时运用表扬和鼓励的方法，对唱得好的地方加以鼓励，对不足之处加以指导。这样不仅能提高孩子的歌唱水平，而且能调动孩子演唱的积极性，激发其对唱歌的兴趣和爱好。

198. 孩子学舞蹈的最佳年龄

在幼儿园时期，可让孩子进行少儿舞蹈基础培训。孩子开始学舞蹈，应该在7～10岁之间。如果孩子参加专业舞蹈的学习，10岁以后最佳。

[诠释]

作为业余爱好，儿童舞蹈对孩子的身体条件要求并不高，只要没有严重的身体缺陷，都可以学习。但如果专业学习舞蹈，对于舞者身体比例、体重、身高等有比较严格的标准。父母可以根据孩子的实际情况,让孩子参加业余或专业的舞蹈训练。

孩子开始学舞蹈,应该在7~10岁之间,这时,孩子的身体骨骼发育比较完全。父母如果想让孩子对舞蹈产生兴趣,就应让孩子从3~4岁开始学习。在幼儿园时期,可以训练幼儿对舞蹈的协调性。5岁以后,可以对孩子进行一些少儿舞蹈基础培训。

5~7岁的时候,属于学舞蹈的初期时段,不要过分地让孩子练劈腿、下腰等高难度的动作,可采用积极鼓励的方式,让孩子对着镜子看着自己做动作,以培养孩子对舞蹈的兴趣。

如果孩子天赋条件突出,很喜爱舞蹈,有意愿进行专业舞蹈学习,父母可让孩子到10岁时开始学习为最佳。因为专业舞蹈的训练强度大、时间长,对于10岁以下的孩子的生长发育是十分不利的。

199. 孩子参加球类运动好

> 促进身高增长,加快头脑反应,
> 放松颈椎脊椎,完善眼球功能。

[诠释]

据权威专家分析,经常进行篮球、足球、排球、乒乓球、羽毛球等球类运动的孩子,平均智力要比本年龄段其他孩子高。具体地讲,参加球类运动对孩子有四大好处:

①促进身高增长。参与各种球类运动,需要孩子不停地来回快速移动,而脚下的快速移动对拉伸大腿内侧、膝盖周围和小腿内侧的韧带有较大好处。相关调查数据显示,一般从小参加球类运动的孩子,平均身高可比同龄人高5厘米左右。

②加快头脑反应。专家研究发现,孩子参加半年以上的足球、篮球、羽毛球、乒乓球等球类锻炼,可以使孩子的快速判断时间从0.3秒缩短到0.1秒,最优秀者可缩短到0.05秒。可见,参与球类运动的孩子比其他孩子头脑反应更灵活。

③放松颈椎脊椎。打球时,应对高球的动作相当于芭蕾的向后引臂,令颈椎

与脊椎处于放松状态，这对长期伏案写字或埋头练琴的孩子来说，不仅可以预防脊椎压力过大造成的抑制长高后果，对颈椎病的防范也有一定的好处。随着电脑的普及和课业的加重，颈椎病的幼龄化倾向值得父母关注，而在任何一个年龄段，参加球类运动都是预防颈椎病的最佳方法。

④完善眼球功能。眼科专家研究发现，在进行球类运动的过程中，眼睛须快速追随球体移动，这对5～9岁孩子的眼球功能的完善有意想不到的好处。在连续不断的击球、回球中，孩子眼球中的关键部分得到锻炼，对遏制弱视与近视的发展势头，甚至对治疗内视眼（对眼）也有一定的辅助疗效。

200. 培养孩子好口才

父母要锻炼孩子说话胆量，提高孩子表达能力，训练孩子速读水平，注重孩子背诵训练，教导孩子科学练声。

[诠释]

语言是人的力量的统帅。是人才未必有口才，但有口才必定是人才。如果父母想让孩子有美好的未来，一定要从小培养孩子的语言表达能力。那么，怎样培养孩子的口才呢？

①锻炼孩子说话胆量。父母要创设孩子当众说话的氛围，或鼓励孩子唱歌跳舞，或让孩子朗诵唐诗宋词，或让孩子叙述在幼儿园、学校的见闻，以此训练孩子当众说话的胆量与勇气。

②提高孩子表达能力。父母要有意培养孩子的语言表达能力，或让孩子将长故事浓缩成"短剧"，或让孩子在亲友面前讲一个小笑话，或让孩子重述电视、电影中的故事等，以提高孩子的语言表达能力。

③训练孩子速读水平。速读即快速地朗读，训练速读水平的目的在于锻炼孩子说话伶俐、吐字清晰、语音准确。可让孩子朗读一篇文辞优美的散文或演讲词，一般开始时候朗读的速度较慢，通过练习，一次比一次读得快，最后达到孩子所能达到的最快速度。

④注重孩子背诵训练。父母不仅是要求孩子把某篇演讲词、散文背下来，而且是既要"背"还要"诵"。这种训练的目的有二：一是培养记忆能力，二是培

养语言表达能力。

⑤**教导孩子科学练声**。练声即练声音、练嗓子。教孩子练就一腔好声音，练出一副好嗓子，是培养孩子口才的基本要求。父母平时可让孩子多做以下练习：吸一口气，数数，看能数多少个数；快跑20米，然后朗读一段课文，尽量避免喘气；字正腔圆读成语；念绕口令；等等。

参考文献

［1］心雅，元子.聪明的家长Hold住［M］.上海：华东师范大学出版社，2020.

［2］高宏群.成功智慧200则［M］.郑州：郑州大学出版社，2020.

［3］吴晓乐.你的孩子不是你的孩子［M］.北京：中国友谊出版公司，2019.

［4］高宏群.生活智慧200则［M］.郑州：郑州大学出版社，2019.

［5］尹建莉.好妈妈胜过好老师［M］.北京：作家出版社，2019.

［6］樊登.读懂孩子的心［M］.北京：中国友谊出版公司，2019.

［7］王治芳.高中生家长手册［M］.济南：山东教育出版社，2018.

［8］刘瑜.愿你慢慢长大［M］.北京：北京联合出版公司，2018.

［9］高宏群.人生智慧200则［M］.郑州：郑州大学出版社，2018.

［10］伯恩斯坦.叛逆不是孩子的错［M］.陶志琼，译.北京：中国友谊出版公司，2017.

［11］法伯.如何说孩子才会听 怎么听孩子才肯说［M］.安燕玲，译.北京：中央编译出版社，2016.

［12］沈俊杰.家长做对了，孩子才优秀［M］.深圳：海天出版社，2015.

［13］谭旭东.做智慧父亲：儿童智商情商培养家教随笔［M］.济南：山东文艺出版社，2015.

［14］高子健.教养的抉择：6岁前，父母必须做出的48个教养抉择［M］.

北京：北京理工大学出版社，2014.

[15]刘燕芳.幸福家长的九堂课[M].南京：东南大学出版社，2013.

[16]崔跃松.崔跃松：家庭教育101招[M].合肥：安徽文艺出版社，2012.

[17]凯利.美好家庭必修课：优秀孩子的培养技巧[M].宋南,译.北京：东方出版社，2012.

[18]徐岫茹.培养成功孩子40招：亲子双赢无极限[M].北京：首都师范大学出版社，2012.

[19]刘晓云.没有教不好的孩子 只有不会教的父母：家庭教育影响孩子的一生[M].北京：当代世界出版社，2012.

[20]吴梅.培养会阅读的孩子（2~6岁孩子家长必备）[M].北京：气象出版社，2011.

[21]北京启智心理教育研究所.帮孩子成为最棒[M].北京：气象出版社，2010.

[22]高菲.合格的父母[M].长春：吉林科学技术出版社，2010.

[23]沈俊杰.孩子的命运由你定[M].深圳：海天出版社，2008.

后 记

继《班主任智慧200则》《学习智慧200则》《教学智慧200则》面世之后,《孩子教育智慧200则》很高兴又与广大读者见面了。该书在撰写过程中,借鉴了孙云晓、曾仕强、李镇西、夏朝云、杨雄、吴学军、姜燕、韩似萍、薛立新、殷飞等全国著名教授、专家的家庭教育理论观点,援引了《家庭教育(中小学生家长)》《父母必读》《家长》《好家长》等全国家庭教育类权威期刊的一些教子案例,查阅了一些相关文献资料,在付梓之际,对上述资源的提供者和有关专家表示衷心的感谢!同时,向为本书成书提供支持和帮助的三门峡市第一高级中学的高超杰、余署敏、赵国政、李廷好、王海峰等领导及全校同人致以由衷的谢意!

国家督学、河南省基础教育教学研究室主任李海龙应邀为本书作序;全国"五一"劳动奖章、全国优质课大赛特等奖获得者,三门峡市外国语中学校长张文娟老师为本书提出了非常有价值的建议;大象出版社的孟建华、贺新建等领导和编辑为本书的出版做了大量的工作。在此谨奉真挚的谢忱!

《孩子教育智慧200则》中有前后出现重复的内容,是为了更好地阐述相关"智慧"的需要。一方面,由于书中的每则"智慧"都是独立成篇的,为了尽可能保持每则"智慧"的完整性,其所述内容难免有交叉之处;另一方面,由于书中的不少"智慧"是从不同角度阐释同一个问题,为了尽可能把每个"问题"分析透彻,其所述文字难免有重复之处。敬请各位读者谅解。

孩子教育智慧是一个理论性高、综合性强、涉及面广、实践性深的课题,由于笔者水平有限，认识肤浅，书中难免存在这样或那样的不足和缺失，敬请广大家长朋友及读者批评指正。

高宏群

2020年11月